eb
新
No.

経済

宗教

カネと政治

週刊東洋経済 eビジネス新書　No.440

宗教　カネと政治

本書は、東洋経済新報社刊『週刊東洋経済』２０２２年１０月８日号より抜粋、加筆修正のうえ制作しています。情報は底本編集当時のものです。（標準読了時間　１２０分）

宗教　カネと政治　目次

宗教法人にまつわる「カネと政治」

2022年7月8日、安倍晋三元首相が銃撃され死亡した事件の背後には「宗教」の影があった。安倍氏が狙われたのはなぜか。事件と、「宗教と政治」の真相に迫ろう。

宗教法人・世界平和統一家庭連合（注：以降「統一教会」と表記）と政治の関係が国政を揺るがしている。安倍元首相を銃撃した山上徹也容疑者が「信者の母親が統一教会に高額の献金をしたことで家族が崩壊した」と供述したことがきっかけだ。

その後の報道で明らかになったのは、安倍元首相をはじめ多くの国会議員が教団や関連団体のイベントであいさつをしたり祝電を送ったりし、その代わりに選挙のときには組織的な支援を受ける、「もたれ合い」の姿だ。

宗教と政治家との関わりは深い。とりわけ保守政治家にとって宗教団体は有力な支持基盤であることが多い。新宗教の中には、自ら国政選挙に乗り出した団体もあり、創価学会が支持母体の公明党は自民党との連立政権が20年に及ぶ。

ただ実態を冷静に見ると、宗教団体が強い影響力を行使したり、勢力を拡大したりしているかといえば、そうともいえない。統一教会からの政策への影響力の有無はイエスであり、ノーだ。家族や家庭をめぐる法律が議論になった際には、自民党政治家を通して働きかけをしていた形跡がある。だがその主張をどれだけ政策に反映できていたかは、現時点でははっきりしない。新宗教団体のうち、創価学会や幸福の科学などは勢いに陰りが生じている。国政選挙での得票数は近年、減少傾向にある。

宗教2世たちの切なる声

では、いま何が起きているのか。

事件後、SNSで耳目を引いたのは、山上容疑者にある種の「同情」を寄せる宗教2世たちの切なる声だった。親の信仰によって自由を奪われ、進学を諦め、将来に希望を持つことができなかった宗教2世たち。凶行に走った山上容疑者が内に抱えていた不満や寂寞（せきばく）は、決してひとごとではなかった。

宗教2世向けに実施したアンケートでは、宗教や親を恨みつつ、親を否定はできない2世たちの、行き場のない葛藤が浮かび上がった。山上容疑者もまた、家族を壊した母親を恨みながら、母親を殺（あや）めることはしなかった。その結果、この国は憲政史上最長の政権を率いた人物を失った。

岸田文雄首相が「教団との関係を絶つ」と宣言したことで、「政治と宗教」の関係は新たな局面に入る。宗教法人をかばい続けてきた政府の姿勢も問われよう。

（野中大樹）

銃撃事件を引き寄せた「宗教と家族崩壊史」

安倍元首相を銃撃した山上徹也容疑者（42）が、「母親の統一教会への献金によって家族が崩壊した」と供述したことが報じられて以降、マスコミは一斉に統一教会問題を取り上げるようになった。

山上容疑者の母親（70）が通う教会は一時的に閉鎖されるも、SNSを使い信者とのコミュニケーションに努める。母親と同じ教会に通う信者の一人が言う。「テレビはいっさい見ない。文芸評論家の小川榮太郎さんやタレントの太田光さんなど、信頼できる人の情報を教会がLINEで知らせてくれるので、毎日それを見ています」。そして、こう続けた。

「あの方（山上容疑者の母親）は、この宗教に出合うことで救われてきたんです。そうした面を見ず、事件の真相もまだわからないのに家庭連合を批判するマスコミはひどい。あの安倍さんが応援してくれた団体ですよ。岸信介さんの代から3代にわたって支えてくれた宗教団体なんです。悪い団体のはずがないじゃないですか」

山上容疑者は現在、鑑定留置中であり、この信者が指摘するように事件の真相解明はこれからだ。

進学校出身者のいら立ち

凶行に走った山上容疑者が内にたぎらせていたものは何か。それを探るうえで数少ない手がかりの1つが、フォークリフト運転手として2022年5月まで派遣されていた工場での出来事だ。事件後に社長が記者会見を開き、「手順を守れ」と注意した同僚と山上容疑者が口論になっていたことが報じられた。

社長が本誌に語る。

「これまで報道された内容を見ると、山上という人間は仕事の手順を守らず、注意をした人間には誰彼かまわずかみつくタイプのように思えたかもしれませんが、現実はちょっと違うのです」

2020年、山上容疑者の採用面接を行った担当者は「毛並みが違う」と感じたという。

「フォークリフトの運転手は体育会系が多い。その点、彼の立ち居振る舞いはホワイトカラーそのものでした。能力も高かった。フォークリフト操縦は衝突や破損の事故が頻繁に起きるのですが、彼については事故報告が1件もなかった。オフィス内で働く幹部たちの印象も非常によかった」（社長）

そんな山上容疑者が悪態をついたのが、オフィスの外で働くブルーカラーの人々だった。

「彼は自分なりの知識や理論に基づいて仕事を完璧にこなそうとするタイプ。だからなのか、ブルーカラーの運転手や工場作業員に『手順が違う』と意見されると、『おまえに言われたくないわ』と反発する。口論が起きるときは、いつもこのパターンでした。進学校を出ている彼の中には『自分はこんなところで働く人間ではない』とい

ういら立ちが強くあったのでは」（同）

高額献金で進学を断念

進学校として知られる奈良県立郡山高校を1998年に卒業した山上容疑者は、大学には進学していない。伯父によれば「家庭の経済状況から大学進学は断念せざるをえなかった」という。

2002年に海上自衛隊に入隊したが、2005年に自殺を図る。海自が事情を聴いたとき、本人の口から出てきたのが「統一教会に人生をめちゃくちゃにされた」という恨みの言葉だった。

1991年頃に入信した母親が統一教会に高額献金を繰り返し、山上家崩壊の要因を作ったことは、おおかた明らかになっている。

注目したいのは母親が高額献金をした時期だ。先祖の霊やたたりで不幸が起きていると脅し、高額のつぼや印鑑を売りつける霊感商法が本格化したのは1980年。被害が続出し、82年の衆議院法務委員会では、「悪運を払うなどと言ってつぼを売りつける怪しげな商法が横行している」と問題視されている。被害が後を絶たないことから、1987年に全国霊感商法対策弁護士連絡会が発足した。

1990年代、一般社会との摩擦を避けるため、教団の資金調達法は信者から献金を吸い上げる方法へと変化していく。山上容疑者の母親が、自死した夫の生命保険や実父名義の不動産、子どもたちが暮らす家までを献金の原資としてしまったのは、そうした時期だった。

家族が崩壊したのは山上家だけではない。2003年には全国統一教会被害者家族の会が発足した。家族に食い込んだ宗教の爪痕は、年月を経て、子ども世代（2世）にも影を落とすようになる。

2015年、山上容疑者の兄は自ら命を絶った。重病で働くことができず、医療費も生活費もままならない状態に置かれていた。この時期というのは、統一教会信者2世の精神疾患や自死問題が顕在化し始めた時期である。

霊感商法が社会問題化し、2世の苦悩が深刻化しているにもかかわらず、行政が教団に介入しなかったのは、どうしてか。それは、この教団特有の政治との近さにある。

政治団体として接近

統一教会は日本で布教を開始した直後から政治に接近し、保守系政治家の歓心を買うような政策を掲げてきた。原点は、教祖・文鮮明氏が1968年に設立した政治団体・国際勝共連合だ。

イデオロギー闘争が激しかったこの頃、「共産主義に勝つ」ことを目的とする政治団体は、岸元首相ら保守派の政治家には心強い援軍と映った。勝共連合の名誉会長には右翼の大物、笹川良一氏が就任。宗教団体ではなく、政治団体として日本の支配層に受け入れられてゆく。

笹川氏の息子、笹川堯氏は「うちの親父は勝共連合だから応援したんだ。統一教会を応援したんじゃない」と本誌に語る。良一氏と堯氏は、文氏や妻の韓鶴子現総裁と韓国済州島（チェジュド）へ私的な旅行に行ったこともある。

「ご夫妻とキジを撃ちに行ったんだ。真冬の雪が積もる時期で、私が風邪をひいてしまったら、韓さんが参鶏湯（サムゲタン）を作って飲ませてくれたよ。うちの親父には小豆ご飯を炊いてくれた」

銃撃事件後の7月11日、会見を開いた統一教会の田中富広会長は、政治家への支援について問われ「当法人として行ったことはいっさいない」とかわした。統一教会の「賛同会員」だった井上義行参議院議員（現在は退会）も、メディアの質問に「私が選挙支援を受けたのは世界平和連合。統一教会ではない」と弁明した。「教団と接点があった」と指摘を受けた政治家たちが実際に接点を持っていたのは、国際勝共連合や世界平和連合、世界平和女性連合、天宙平和連合（UPF）といった教団系の政治団体、NGO（非政府組織）団体ばかり。

政治家と教団は互いに「接点はない」と主張するのに、教団の信者は「安倍さんが応援してくれた宗教」と信じ、熱を込める。この構図にこそ「統一教会と政治」の特徴がある。

首相経験者や与党議員が関係を持つ宗教法人に行政が介入するのは容易ではない。霊感商法が社会問題化したのは1980年代だが、捜査機関が教団傘下の企業を摘発したのは2000年以降。それでも教団本部にまでは踏み込まなかった。

行政が教団に踏み込めず、教団が形を変えながら活動を続ける一方、2世問題は放置され続けた。

宗教問題の質的な変化

宗教が絡む戦後最大の事件は1995年のオウム真理教による地下鉄サリン事件だ。オウム事件と安倍元首相銃撃事件には、決定的な違いがある。オウム事件は宗教団体そのものが起こした事件だが、今回の事件は宗教団体に家族を壊された恨みを持つ2世による事件だ。

宗教問題は約30年の間に、教団や信者自身の問題から、教団の教えに苦しむ2世の問題へと拡大した。その質的変化を日本社会は捉えきれているか。今、それが問われている。

統一教会に関係する出来事

【1954年】統一教会（韓国）創立／1958年に日本で布教開始
【1967年】文鮮明来日（岸信介元首相、笹川良一らと会談）
【1968年】韓国と日本で国際勝共連合設立
【1971年】韓国と日本で経済活動を本格化
【1974年】文鮮明がニクソン大統領に会うなど米政権への接近を図る／来日した文を迎えた福田赳夫蔵相らが「アジアの偉大な指導者」と持ち上げる
【1980年】霊感商法本格化
【1981年】米司法省が文を脱税で起訴
【1984年】岸元首相が米レーガン大統領に文の釈放を求める親書を出す
【1987年】全国霊感商法対策弁護士連絡会が発足／元信者が洗脳に対する慰謝料

請求「青春を返せ！」訴訟を提起
【1991年】文が北朝鮮の金日成主席と会談、経済協力を約束
【1992年】金丸信ほか自民党重鎮議員らの尽力で文の日本入国が実現／桜田淳子の合同結婚式参加が話題に
【1993年】山﨑浩子が統一教会脱会の記者会見／「マインドコントロール」が流行語に
【1997年】文化庁に「名称変更」の相談をしたものの申請はできず
【1999年】献金勧誘活動の違法性を認める最高裁判決
【2001年】全国で献金勧誘や勧誘強化活動の違法性を認める判決が相次ぐ
【2002年】信者が勧誘はがきをポスティングする手口が拡大
【2003年】全国統一教会被害者家族の会が発足
【2004年】「青春を返せ！」訴訟で原告勝訴の最高裁判決
【2006年】安倍晋三官房長官が天宙平和連合（ＵＰＦ）のイベントに祝電／第1次安倍内閣発足

【2009年】警視庁公安部が統一教会傘下の有限会社新世を摘発
【2012年】文鮮明死去／第2次安倍内閣発足
【2015年】名称変更が認められ現在の「世界平和統一家庭連合」に
【2016年】統一教会の信者2世の精神疾患や自死問題が顕在化
【2021年】天宙平和連合の年次大会に安倍元首相がビデオメッセージ（9月12日）
【2022年】安倍元首相が銃撃され死亡（7月8日）／安倍元首相の国葬（9月27日）

（野中大樹、井艸恵美）

統一教会と関係深い企業一覧

ハマチからモデルガンまで――。統一教会に関係する企業は、実に幅広い。全国霊感商法対策弁護士連絡会が作成した「統一教会関連団体リスト」を基に、東洋経済では商業登記などで役員の兼任状況を調べ、統一教会とつながりがあるとみられる企業の一覧を作成した。

ハマチからモデルガンまで超多角化経営

法人名	代表者	事業内容	売上高
コスモフーズ	北池 直	自販機オペレーター、「ウコンの力」「IMUSE」を受託製造していた。国内飲料大手と取引実績	5,497
True World Japan	辛 宇淳（シン・ウスン）	日本の水産物を世界各国に輸出。米国向けハマチ輸出でトップシェアとされる。韓国からヒラメ輸入も	3,471
日本活魚	福本伸司	アワビ、ロブスター中心に水産加工品を取り扱う。東京、大阪、名古屋に支店	3,219
ハッピーワールド	岩澤清和	貿易、旅行（「世一観光」「ブルースカイツアー」）、石材（「一信ジャパン」）と多角的。統一教会系企業の代表格	1,879
IHM	入江伸示	配置薬を全国展開。パロアッスル、鶏プラズマローゲン、ナノ型乳酸菌など機能性食品原料の卸も	1,741
日心会	渡辺泰博	総合病院「一心病院」や「一美歯科」を運営。1970年基督教医療奉仕会として出発。1978年開院	1,552
IJC	井上勇次	統一教会系の韓国企業・一和（イルファ）から高麗人参や炭酸飲料「メッコール」を輸入・販売	1,298
世界日報社	黒木正博	75年創刊の日刊紙「世界日報」や「サンデー世界日報」、『ビューポイント』刊行	1,234
光言社	椎名建太	信者向けに書籍を刊行。統一教会関連書籍の「愛美書店」、教団関連ニュースの「中和新聞」も	1,125
アイザック・エデュケーション	鈴木英敏	外国語会話教室。30カ国語対応。渋谷、名古屋、大阪に教室。企業研修や航空業界就職セミナーも	209
MCJ	長坂雄三郎	イベント企画・制作、レコーディングスタジオ貸し出し、折り込み広告・映像制作を行う	148
エースセミナー	寒風澤 浩	小中学生向け学習塾「エースセミナー」を運営。石神井本校を軸に練馬区内で計4校展開	142
オールネクスト	杉田静一	ハワイアンクイーンコーヒーの日本総代理店を軸にスペシャルティコーヒー生豆を多数取り扱う	137
ドライブラボ・一関	渡邉和善	72年設立。岩手県一関市で「一関自動車学校」を運営。免許合宿も行う	129
水沢自動車学校	星野義雄	岩手県奥州市水沢大鐘町で「水沢自動車学校」を運営。合宿プランはコロナ影響で休止中	182
テンリュウ	大畑信雄	「ガンショップ天龍」を運営。エアガン、モデルガン、ホルスター、サイレンサーを取り扱う	45
ファミリーメディカル・ジャパン	宮 義明	健康機器などを企画、外部に製造委託しネット中心に販売	27
TSS	小林英一	農水産物、美術品、衣料品、健康器具を販売。2021年トータルライフから権利義務を全承継	10
日本ジェイエス	横枕 修	衣料品、貴金属販社。20年2月、株式会社優美を合併。ジュエリーブランド「クリスティーナハン」をかつて展開。現在は事業停止状態か	—
KAHジャパン	井上勇次	旧タカラ屋。印鑑、宝石、家系図、霊石をかつて販売。現在は事業停止状態か	—
MFJ	鷲野欣也	米国法人の映像技術を利用したサービス提供、太陽光発電関連事業も	—
ニューコムテクノ	宇塚正敏	電磁誘導式タッチパネルを開発・販売。韓国にグローバルマーケティングセンター	—
サンエイト	木下義昭 中西憲明	新聞・雑誌広告代理業務。サプリ、自然化粧品など健康・美容関連商品等の通販も	—
キクヤ	井上勇次	健康食品、医療器具などの販売	—

（注）敬称略。法人名のうち日心会は医療法人社団、水沢自動車学校は有限会社、ほかは株式会社。売上高は２０１９年６月以降で２０２２年９月１５日時点で確認できた値。単位１００万円
（出所）全国霊感商法対策弁護士連絡会、信用調査会社の資料、取材を基に東洋経済作成

鮮魚卸のトゥルーワールドジャパン（True World Japan 以下、ＴＷＪ）は独自ブランド「TOYOSU Express」を展開し、米国に鮮魚を空輸している。ハマチ輸出で国内トップシェアとされる。

ＩＪＣ（旧：株式会社男女美）は統一教会系韓国企業・一和（イルファ）が手がける炭酸飲料「メッコール」を輸入している。一和の高麗人参の輸入販売も行う。配置薬、いわゆる置き薬を全国展開しているのはＩＨＭ。首都圏メディカルや関西メディカルシステムズなど、各地に傘下販社を抱え、グループの従業員は約６００人に及ぶという。

自動車学校もある。ドライブラボ・一関は岩手県一関市で一関自動車学校を運営する。旧男女美元代表が監査役だ。同社社長は、岩手県水沢大鐘町の水沢自動車学校の取締役も兼任する。

メディアでは『世界日報』『ビューポイント』を発行する世界日報社、信者向け書籍の光言社。医療法人では一心病院や一美歯科を運営する日心会がある。

ハッピーワールドは統一教会系企業の代表格だ。設立は１９７１年。当初「幸世（しあわせ）商事」を名乗り、「世界のしあわせ株式会社」を経て現在の社名に。祖業は高麗人参茶の輸入だが、大理石製の多宝塔や釈迦塔、つぼ、印鑑へと商材を拡大。全国に代理店を置き、信者が外交員となり訪問販売していた。

「被告ハッピーワールドは、被告統一教会の資金集めのために、同被告により、商品の販売組織、集金組織、人員の供給組織構築を目的として設立された会社」。1994年の霊感商法被害をめぐる福岡地方裁判所での民事裁判の判決文にはそう書いてある。

官報で確認できる限り、2007年3月期の181億円がハッピーワールドの売上高のピークだ。その後下火になり、現在の売上高は2022年3月期18億円と10分の1に縮小。売り上げ激減は印鑑販社・新世の社長、従業員が逮捕された2009年の「新世事件」が影響した。

ハッピーワールドの現在の主事業は旅行代理や石材販売。旅行代理は「世一観光」「ブルースカイツアー」、石材販売は「一信ジャパン」のブランドで展開する。

つぼや多宝塔の総問屋だった旧タカラ屋（現ＫＡＨジャパン）、「クリスティーナハン」ブランドの宝石販社・日本ジェイエスは業務停止状態と見られる。

経済社会に深く根差す

日本活魚はハッピーワールド元取締役・現監査役の小此木利安氏やTWJの辛宇淳（シン・ウスン）代表が一時役員を務めていた。アワビやロブスターを取り扱っている。コスモフーズは世界日報社の牧野稔監査役やハッピーワールド元監査役の木戸均氏が監査役である。「ウコンの力」や「イミューズ（iMUSE）」など大手食品・飲料メーカー製品の受託製造実績がある。

ハワイのコナコーヒーなどスペシャルティコーヒー生豆を卸すオールネクストの代表はハッピーワールドの杉田静一取締役。本社所在地もハッピーワールド本社と同じ建物の同一フロアだ。

アイザック・エデュケーションも、前出の小此木利安氏が元監査役であるなど、統一教会関連企業と複数の役員兼任関係が見られる。東京・渋谷、大阪、名古屋で外国語会話教室を運営。客室乗務員の就職対策セミナーや社員研修も行う。研修実績をHPに掲載しており、伊藤忠商事、三菱商事、日本生命保険、電通、三菱UFJ銀行、

ＪＲ東日本などが並ぶ。

東京・練馬で小中学生向け塾を展開するエースセミナーは、ＩＨＭの入江伸示代表が取締役を兼任。日本活魚の福本伸司代表もかつて取締役を務めた。「家庭に『しあわせ』をとどける塾でありたい」。エースのＨＰには、塾の運営理念が掲げられている。

名古屋でモデルガンやエアガンの専門店「ガンショップ天龍」を運営するテンリュウ。ハッピーワールドの小林英一元取締役が監査役で、小此木利安氏もかつて監査役を務めていた。

広告代理業・サンエイトの代表の一人は、世界日報社の木下義昭元代表だ。サプリメントの通販も手がける同社は『世界日報』に頻繁に広告出稿している。

以上、ビジネスとして着実に成長している関連企業は見当たらない。連絡会の渡辺博弁護士は「最大の目的は、現在では信者社員の雇用を守ることでは」と話す。

過去には帳簿操作も

福岡地裁の1994年判決には興味深い記述がある。ハッピーワールド傘下販社従業員の給与・賞与合計は当時300万~800万円。だがそれは帳簿上のことで、実際に支払われたのは月4・2万円、年間で50万円くらいだった。

差額はどこに消えたのか？　福岡地裁は「差額は統一教会の活動に費消された」としている。外交員に払う販売手数料も実際には支払われず、代理店にプールされた後、教会活動に使われた。「特定の外交員の手数料が過大になった場合には、税務上の問題発生を免れるために、外交員を異動させる等していた」ともある。

ハッピーワールドの2022年3月期の純利益は3400万円。支払った法人税・住民税・事業税は計1000万円にすぎない。ほかの企業も純利益は赤字スレスレか若干の赤字にとどまり、国や自治体に払った税金はごくわずかとみられる。

次表の非営利団体の活動も幅広い。国際勝共連合や世界平和連合は反共産主義を掲げる政治団体。国際ハイウェイ財団は日韓トンネル構想実現を目指す。孝情教育文化財団は青少年育成や家庭教育支援を担う。

（山田雄一郎、西澤佑介）

「世界平和」うたい、政治・教育・建設に邁進 ―統一教会系の主な非営利団体―

団体名	所在地	代表者	活動内容など
UPF（天宙平和連合）-Japan	東京都新宿区	梶栗正義	文鮮明夫妻が2005年に創設した国際NGOの日本支部。「神の下の一家族世界」を掲げる
国際勝共連合	東京都渋谷区	梶栗正義	1968年創設。「共産主義に勝つ」ことを目的にした活動
世界平和連合	東京都渋谷区	梶栗正義	防衛力、家庭力、貢献力のある国家づくりに向けた諸活動を展開
世界平和女性連合	東京都目黒区	堀 守子	女子留学生の支援やボランティア活動。国連NGOのWFWPインターナショナル日本支部
ワールドカープ・ジャパン（WCJ）	東京都世田谷区	佐野忠國	文鮮明氏が提唱する統一原理を研究する学生団体。原理研究会とも呼ばれる。ボランティア活動を行う大学を支援
一般財団法人 国際ハイウェイ財団	東京都新宿区	佐藤博文	日韓トンネルなど国際ハイウェイ構想の実現に向けた活動
一般財団法人 孝情教育文化財団	東京都新宿区	宮本知洋	青少年育成と真の愛にあふれた家庭づくりに向けた活動を支援・推進
一般社団法人 グローバル・ピース・ファウンデーション（GPF）・ジャパン	東京都渋谷区	後藤亜也	文鮮明氏の三男・文顯進氏が創設した国際団体の日本支部。人種、宗教の壁を越えた平和活動
一般社団法人 熊本ピュアフォーラム	熊本県葦北郡	田中力男	日本の青少年健全育成の促進と精神伝統の創生のための教育、社会支援活動
特定非営利活動法人 日韓トンネル研究会	東京都北区	野澤太三	日韓トンネル研究に関する講演会、勉強会、展示会の開催による社会教育事業
一般社団法人 世界戦略総合研究所	東京都中央区	阿部正壽	積極的平和主義を推進する保守系政策シンクタンク
一般社団法人 南北米福地開発協会	神奈川県川崎市	中田欣宏	世界平和地球村の建設と自然環境の保護に向けた活動。南米の自然保護プロジェクトなど

（出所）全国霊感商法対策弁護士連絡会のリストや報道資料、取材を基に東洋経済作成

「教祖・文鮮明氏は現金を持ってくる人間を重宝した」

北海道大学大学院教授・櫻井義秀

統一教会のグローバルな宣教活動資金のほとんどは日本で調達されてきた。日本における統一教会の経済活動の萌芽は1960年代、「献身」する青年信者たちが廃品回収や花売りなどの物販をしていたことに始まる。献身とは、無給に近い待遇で活動することだ。

1970年代後半になると、韓国で安く仕入れた朝鮮人参茶や高麗大理石のつぼなどを日本で高く売る商売を始めた。このビジネスを軌道に乗せたのがハッピーワールド社長（当時）の古田元男氏だ。韓国の一和や一信石材といった統一教会系企業から輸入し、全国の系列販売会社が卸売りする商流を構築した。販売員はほぼすべて統一教会信者だった。

古田氏は稼げるビジネスモデルを確立しただけでなく、教団に多額の献金ができる仕組みまでつくった。献身者たちを従業員として雇えば月々の給与は1人数万円で済む。むろん、それでは最低賃金を下回ってしまうため帳簿上は一般企業と同等の給与額を人件費として計上。中抜きした金を韓国の教団本部に送金する原資とするのだ。帳簿上は中抜きされていないので会社の利益は人件費分だけ圧縮でき、法人税も最小限に抑えた。

古田氏の名は教団の幹部リストにこそ登場しないが組織内では大幹部扱いだったとされる。

統一教会には初代会長で国際勝共連合の会長も務めた久保木修己氏という人物がいたが、文鮮明氏は政治や宗教の話をしてくる久保木氏より、現金を持ってくる古田氏を重宝した。伝道部隊（久保木）より経済部隊（古田）のほうが上位にいた点に日本の統一教会の特徴がある。

2022年7月19日、韓国本部元ナンバー2の郭錠煥氏が会見を開き、日本の統一教会を「経済部隊」と呼んだのは、韓国本部が日本を集金マシンと位置づけてきた経緯を知っているからだ。

1980年代以降、文氏は日本に対し、資金調達のミッションと信者獲得を同時に満たす宣教方法の開発を迫った。生み出されたのが霊感商法だ。

人の哀（かな）しみや生活の苦しさを聞き出し、運勢を転換するためと称して高額のつぼや印鑑、多宝塔を買わせる販売方法だ。

それも1回売って終わりとはしない。後日、購入者を霊場と呼ばれるホテル会議室やマンションの一室に呼び出し、霊能師役の信者らが家系の因縁や霊の恐怖を語り、さらなる購入を迫った。これを繰り返すうちに信者にしてしまうのだ。

霊感商法による資金調達と信者獲得は一定の成功を収め、味を占めた韓国の教団本部はさらに日本に送金を迫った。こうして霊感商法は過熱していく。

ところが1990年代後半になると霊感商法への違法判決が相次ぐ。特定商取引法違反で販売会社が摘発される事件も起きた。教団は一般市民を相手に物を売りつける手法を改め、信者にした後で献金を吸い上げる形へと切り替えた。相手が「信者」であれば宗教法人内の話となり、マインドコントロールされた人間がどんなに高額献金をしようと「信教の自由」を前に行政は介入できないからだ。

目下、政府では霊感商法など悪質商法への対策検討会が開かれている。統一教会の戦略の変遷を踏まえた対策を期待したい。

統一教会系企業は、さすがに今は従業員に献身はさせていない。懸念するのは、かつて年金にも社会保険にも入れてもらえずに働いていた元献身者の老後だ。生活の苦しい人々が続出するのではないか。

（構成・野中大樹）

櫻井義秀（さくらい・よしひで）

統一教会の日本人女性が「韓国男性に尽くす」謎

大阪公立大学都市文化研究センター研究員・中西尋子

安倍元首相銃撃事件後に始まった統一教会に関するマスコミ報道を受け、2022年8月18日、韓国ソウルでは在韓の日本人信者らによる抗議デモが行われた。日本人信者のほとんどが統一教会の合同結婚式で韓国人男性と結婚し、韓国で暮らす女性だとみられる。

合同結婚式は1960年に3組から始まった。日本人と韓国人のカップリングが本格化したのは1980年代。とくに1988年、92年、95年に韓国人男性と日本人女性の「韓日祝福」カップルが数多く誕生している。デモ参加者に見られた日本人女性の多くはこの時期に結婚した信者たちだろう。

統一教会が目指すところは、理想世界「地上天国」の実現だ。地上天国は国、民族、宗教が垣根を越えて1つになった平和な世界とされ、それゆえに国や民族、宗教が異なる者同士の結婚に価値が置かれる。とりわけ不幸な歴史的関係にあった国や民族同士ほど理想的とされ、韓日祝福は最も理想的な結婚に位置づけられる。

結婚勧誘のチラシ

統一教会には日本を「エバ国家」、韓国を「アダム国家」とする教えがある。エバは蛇（サタンの隠喩）と不義の関係を持ったうえにアダムを誘惑し、人類堕落の原因をつくった存在だ。36年間にわたり朝鮮半島を植民地支配した日本はエバと同一視される。

したがって、日本の女性が韓国の男性の元に嫁ぎ、夫や夫の家族のために尽くすことは植民地支配の「贖罪（しょくざい）」になると教えられるのだ。

教説上は最も理想的な結婚のはずだが、現実は異なる。合同結婚式ではよく知らない者同士がカップリングされる。見ず知らずの相手と、言葉や文化、生活習慣も異なる国で暮らすため苦労が絶えないのだ。

さらに、嫁ぎ先が地方の農村部の場合が少なくない。韓国の国勢調査（統計庁「2000年人口住宅総調査報告書」）によれば、ソウルや釜山（プサン）のような都市部ではなく、地方の農村部に日本人女性が相当数暮らしていることがうかがえる。その多くが統一教会の日本人女性信者と推察される。

筆者が聞き取り調査をした日本人女性信者の結婚相手には、定職に就いていない人も少なくなかった。農村部に目立った産業はなく「収入が月に30万〜50万ウォン（3万〜5万円程度）しかないときもある」と証言する女性もいた。

調査地では統一教会による「結婚相談」チラシが貼られているのが確認できた。チラシの文面は次のとおり。「日本女性　真の結婚」「短期大学以上の学歴」「身体・心の健康な方」「職業がたしかな青年」「純潔な価値観の理想的な配偶者、結んでさしあげます」。韓国では統一教会が「結婚勧誘」していることはよく知られており、チラシにはどこにも「統一教会」と記されていないのだが、このようなチラシは統一教会によるものと認識されている。

韓国農村部にある統一教会の施設

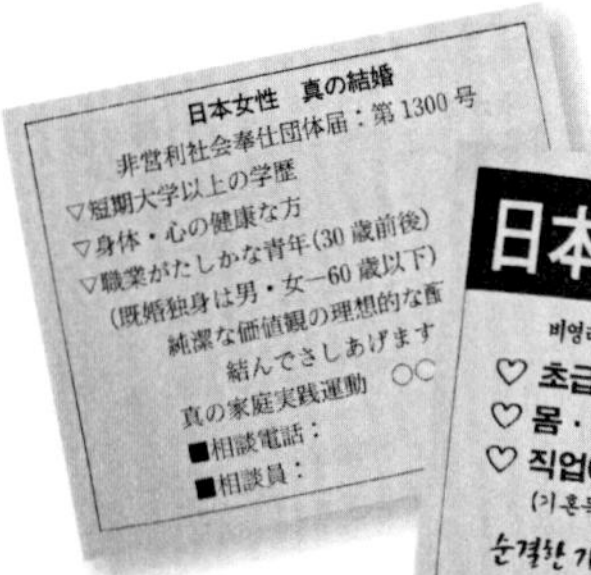

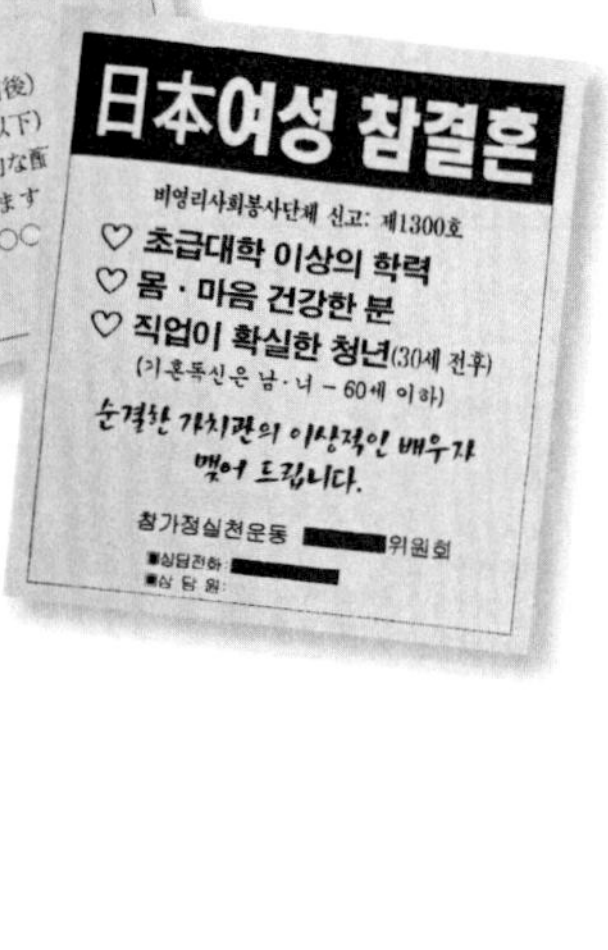

韓国農村の電信柱に貼られていた「結婚相談」チラシ（筆者翻訳）

なかなか結婚相手に恵まれない独身男性やその親は、チラシを見て統一教会に通うようになり「にわか信者」になる。そして合同結婚式に参加したり、参加させたりするわけである。

聞き取りした日本人女性信者たちも、自分たちの夫が結婚目的で統一教会に入ったということを認識していた。夫が「教えでは禁じられている飲酒、喫煙をする」と語る女性もおり、日曜日の礼拝に出てくる夫は少なかった。

見ず知らずの相手と愛情もなく結婚し、言葉や生活習慣の違う韓国で経済的に厳しい生活を送る――。韓日祝福は、わざわざ苦労を背負い込むようなものに思える。

中には、韓国での結婚生活に疑問を感じて離婚、脱会する人もいる。2012年には韓国の春川（チュンチョン）で日本人妻が夫を窒息させて殺害する悲劇も起きた（春川事件）。

社会運動としての結婚

それでもなお多くの女性が結婚生活を続けているのはなぜか。

筆者は、彼女たちにとって韓国での結婚生活が自己実現になっているのではないかとみている。統一教会の信者はまじめで純粋な人が多いといわれる。筆者が韓国農村で出会った女性たちもそうだった。若い頃、人生の意義を見いだそうと模索し、たまたま出合ったのが統一教会だった。

統一教会は、人類はサタンの血統を受け継ぎ、この世はサタンの支配下にあると教える。戦争や憎しみの心もすべて人類に受け継がれたサタンの血統のためだと。地上天国の実現は、この世に神の支配を回復させることを意味し、そのために「祝福」はある。

合同結婚式で結婚した夫婦は「血統転換」により原罪を清算し、生まれる子どもは神の血統を持った無原罪の「神の子」とされる。「神の子」を子々孫々産み増やすことによってサタンの血統が駆逐され、いずれ地上天国が実現するというのだ。

こうした教義の下にある「祝福」は、単なる結婚ではない。彼女たちにとって韓国で結婚生活を送ることは、地上天国実現のための社会変革運動という性格を帯びる。

夫は「神の子」を産むために必要なだけであり、恋愛感情はなくても構わない。子どもは生まれながらに国境を超えており、育児は地上天国の担い手を育てるという意味を持つ。

地上天国の実現が先の話であっても家庭の中に国境はない。「神の子」を産み育てることで、家庭の中はささやかな地上天国に感じられる。日本人の女性信者たちは韓国人の夫や家族に尽くすことが韓国への贖罪となり、地上天国の実現につながると信じているのだ。

統一教会の教義に説得力を持たせているのは日韓の歴史である。植民地支配の過去がなければ統一教会が日本に贖罪を求める教えは成り立たなかったろう。

歴史に根差した教えこそが信者となった彼女たちを縛り、抜け出しにくくしている。

中西尋子（なかにし・ひろこ）

1964年大阪府生まれ。97年龍谷大学大学院社会学研究科博士課程単位取得退学、博士（社会学）。関西大学非常勤講師。共著に『統一教会　日本宣教の戦略と韓日祝福』。

文化庁が宗教法人と交わした「裏約束」

統一教会が2015年に現在の名称に変更されたことをめぐり、文化庁から認証された背景に政治家の関与があったことが疑われている。名称変更の経緯を明らかにするため、日本共産党の宮本徹・衆議院議員が、統一教会が文化庁に提出した申請書の開示を求めた。だが開示された文書は、名称変更の理由に当たる部分が黒塗りの状態だった。

統一教会の文書に限らず、文化庁は宗教法人に関する情報公開に消極的な姿勢を貫いている。その代表格が文化庁に提出された財務諸表だ。本誌は2018年、統一教会を含む複数の宗教法人の財務諸表について情報開示請求を行ったが、文化庁は存否も含めてすべて不開示という決定を下していた。

総務省の情報公開・個人情報保護審査会が文化庁に対し、存否を明らかにしないで開示請求を拒否する決定は「取り消すべきである」という答申を出したが、文化庁はその答申をも退けた格好だ。

2022年8月にも同様の開示請求を行ったが、文化庁は文書の特定に時間を要するとして、回答期限を延期。過去に同趣旨の請求を複数回退けていることから、今回も開示拒否の可能性が高い。

宗教法人の財務諸表提出は、1995年の宗教法人法改正で義務づけられた。きっかけはオウム真理教による凶悪事件だ。それまで、文化庁は宗教法人を認証すると、その後の活動を継続的に把握するすべがなかった。オウム事件を未然に防げなかった政府は、法改正によって法人の活動を継続的に把握する姿勢を見せたのだ。

だが、提出された財務諸表は公に開示されない。官庁内であっても「私は一度も見たことがない」と、提出先である文化庁宗務課長を務めた前川喜平氏は振り返る。

「担当者は、収支報告書や財産目録の体をなしているかという最低限のチェックはするが、それ以上のことはしない」（前川氏）

前川氏によると、宗教法人法改正の際、改正に反対する宗教団体を説得するため、文化庁は宗教関係者たちと「提出された書類は、いっさい外に出さないと約束した」という。さらに法改正から4年後、情報公開法が成立した際、情報公開法を審議する内閣委員会で前川氏は、「信教の自由」を理由に、宗教法人の提出書類は不開示情報に当たるという主旨の答弁をしている。

こうした経緯から、財務諸表に限らず、統一教会の名称変更申請書のような文化庁への提出書類は、一部でも開示されると他の宗教団体の反発を招く可能性が高い。文化庁は宗教法人に強い配慮を示すが、宗教法人が税制優遇を享受する以上、法人の会計には一定の透明性が求められるはず。

九州大学の南野森教授（憲法学）は、「税制優遇を受けている場合や、ほかの公益法人であれば透明化されるべきお金の流れが、宗教法人になるとベールに包まれる。行政がお金の流れを公開しても、信教の自由を侵害することにはならない」と指摘する。

宗教法人法改正の目的は、宗教法人が健全に活動していることを確認することだった。しかし、その中身は形骸化しているといわざるをえない。

（井艸恵美、野中大樹）

「いっさい出しません」と約束した

元文部科学事務次官・前川喜平

ほとんどの宗教法人が宗教法人法改正に反対し、「信教の自由に触れるのではないか」と批判の声を上げた。当時の文化庁次長が最後には頭を下げて、「何とかこれを了解いただきたい。伏してお願いします」と言っていたのを覚えている。その際、宗教関係者たちに「提出された書類は、いっさい外に出しません」と約束した。

安易な情報開示は他の宗教団体の反発を招く可能性がある。少なくとも、自民党が公明党と連立を組んでいる間は開示されないだろう。

1999年の自民党と公明党の連立工作をしたのは当時文部大臣でもあった与謝野馨さんだ。すでに東京都議会では自公が組んでいたが、国政レベルでの自公連立を実現する必要があった。つまりこの時期に大事だったのは、文部省と創価学会の関係だ。

宗務課長になったとき、与謝野さんにあいさつに行ったら「とにかく創価学会とは仲よくしてくれ」と言われた。当時、自民党の一部の議員が創価学会攻撃のために宗教法人法改正を利用しようとしたから、文部省と創価学会は抜き差しならない関係になっていた。文部省としては創価学会に敵対心はない。誤解を解くために、宗教法人法改正で提出が義務づけられた書類はいっさい出さないと約束した。

文化庁へ情報公開請求をしても提出書類が開示されないことに関しては、私に責任がある。1999年に成立した情報公開法が国会に出されたとき、宗教団体の関係者が怒り出した。提出書類は開示しないという約束があったから法改正をのんだのに、提出書類が開示請求の対象になるとはどういうことだと。宗教法人側は、「信教の自由」という言葉を不開示理由として情報公開法に入れるよう求めてきた。

当時宗務課長だった私は、情報公開法案を準備していた総務庁（当時）と交渉したが、信教の自由だけを特別に不開示理由に入れることはできないと返された。そこで最終的には「権利」という言葉を情報公開法の条文に入れてもらうことにした。

情報公開法の中にある不開示の理由の1つに、法人または個人の「権利、競争上の地位その他正当な利益を害するおそれがあるもの」と記されている。当初、不開示理由の条文は「利益」だけだったが、「権利」という言葉が入った。その後、情報公開法を審議する内閣委員会で私は、不開示理由の「権利」には「信教の自由が入る」と答弁し、宗教法人の提出書類は不開示情報に当たると説明した。

つまり、宗務課長として「宗教法人法に基づいて提出された書類は不開示情報です」とクギを刺したわけだから、私に大いに責任がある。

前川喜平（まえかわ・きへい）
東京大学法学部卒業。初等中等教育局長などを経て2016年事務次官。

「LGBTたたき」で一致する統一教会と神社本庁

「これ、家庭連合内で回っている動画です。ぜひ見てください」。統一教会の現役信者がこう言って教えてくれたのは、長尾敬前衆議院議員が、自身と統一教会関連団体との接点を一挙解説したユーチューブ動画。

長尾氏は天宙平和連合（UPF）、国際勝共連合、世界平和連合、世界日報などの名を挙げ、国際勝共連合については「同性婚や選択的夫婦別姓、行き過ぎたLGBT問題についていろんな提言をくださった」と明かしている。

同性愛を「精神の障害」

ＬＧＢＴとはレズビアン（Lesbian）、ゲイ（Gay）、バイセクシュアル（Bisexual）の３つの性的指向とトランスジェンダー（Transgender）という性自認の頭文字を取った表現で、性の多様性を尊重する概念だ。世界保健機関はすでに性同一性障害を「精神障害」の分類から除外している。

長尾氏本人に確認すると、国際勝共連合は「行き過ぎたＬＧＢＴ」に対する提言を「自民党の部会や議連に持ってきている」という。同様の提言は「神道政治連盟などからもあった」そうだ。

神道政治連盟は全国８万社の神社を包括する神社本庁が１９６９年に結成した政治団体。統一教会関連団体と関わってきた長尾氏は、同連盟の所属議員でもあった。

その神道政治連盟は２０２２年６月、ある騒動を起こしていた。問題となったのは、自民党国会議員懇談会で配付した「夫婦別姓　同性婚　パートナーシップ　ＬＧＢＴ」という冊子に掲載された楊尚眞・弘前学院大学教授の講演録。同性愛を「後天的な精神の障害、または依存症」「カウンセリングなどの手段を通じて抜け出すことが可能」などと記していた。

神道政治連盟が作成した
「LGBT差別冊子」

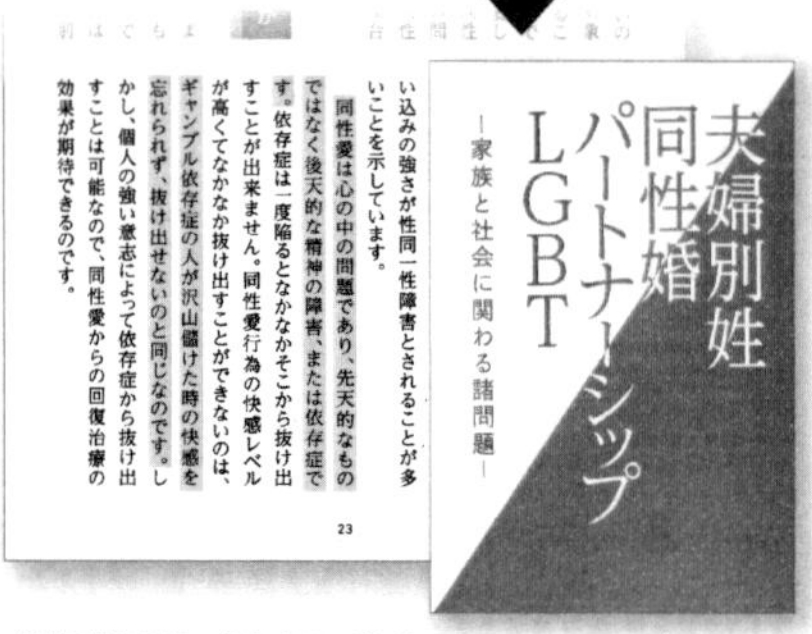

神道政治連盟は「本連盟が執筆したものではない」と主張する

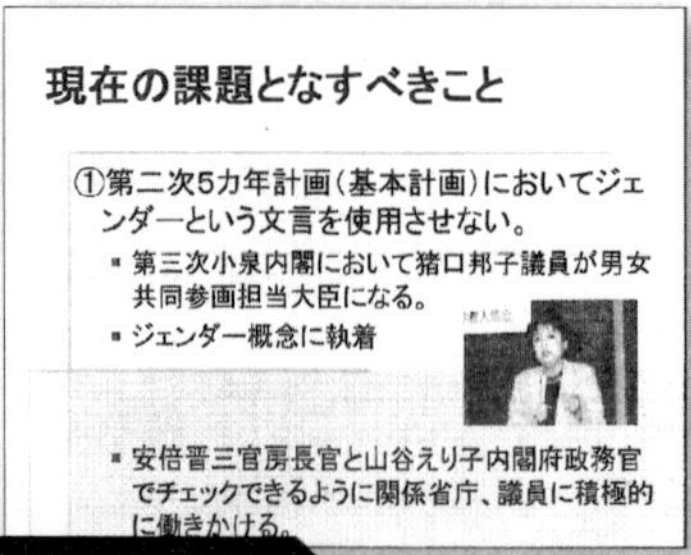

提供／鈴木エイト

天宙平和連合の
セミナー資料

「21世紀 世界平和の為の 日本女性指導者セミナー」資料の一部

ＬＧＢＴの当事者らは翌7月、自民党本部前で抗議活動を展開し、内容を否定するよう党に求める5万1503人分の署名を提出した。

楊氏が牧師であることから日本キリスト教協議会なども「性的マイノリティの人権を蹂躙（じゅうりん）している」と抗議声明を出すに至った。

本誌が神道政治連盟に見解を問うと、「神道には性的マイノリティと言われる方々の存在を否定する考え方はない」としたうえで、「抗議は冊子自体に対するものではなく、楊教授の講演録にある一部の表現に対してではないでしょうか」とかわした。冊子は「本連盟が執筆したものではない」と主張し、見解を問うべき相手は楊氏だとした。本誌は楊氏にも見解を問うたが、期日までに回答はなかった。

神社関係者は「問題なのは悪質な冊子を企画、編集し、世に出した神道政治連盟だ」と憤りつつ、首をかしげる。「選択的夫婦別姓や同性婚、ＬＧＢＴに関する神社本庁の主張は、統一教会のそれと不自然なほど似ている。出自も歴史も異なる2つの宗教がこうも似てしまうのは、なぜなのか……」。

統一教会系の政治団体・国際勝共連合はＬＧＢＴ政策を強く批判してきた。この冊子の執筆陣は統一教会系の研究所やメディアにも登場する学者らが目立つ。

例えば池谷和子・長崎大学准教授は教団の関連団体・平和大使協議会の付設機関「平和政策研究所」サイトに複数回寄稿している。八木秀次・麗澤大学教授もLGBTに批判的な論考を世界日報などに寄せてきた。同冊子には登場しないが、八木氏と同じ麗澤大学大学院特任教授の高橋史朗氏は教団系月刊誌『ビューポイント』(電子版2021年5月27日付)で、楊氏をLGBT政策の法案審議に招くことを提唱している。

池谷氏、高橋氏は本誌取材を断り、八木氏からは返事がなかった。

「ジェンダー」使わせない

神社本庁と統一教会の奇妙な一致は、ジェンダーフリーを批判してきた山谷えり子参議院議員にも見て取れる。

選挙で神道政治連盟の組織的支援を受けてきた山谷氏は問題となった同冊子で、L

GBT理解増進法案の国会提出を食い止めた議員だと高く評価されている。その山谷氏も統一教会系メディアに登場してきたが、このたび、2005年ごろにUPFが作成したとみられる女性向けセミナーの資料に名前が記載されていることがジャーナリスト・鈴木エイト氏の入手した内部文書で明らかになった。

「21世紀 世界平和の為の 日本女性指導者セミナー」と銘打たれた資料には、「第二次5カ年計画（基本計画）においてジェンダーという文言を使用させない」「安倍晋三官房長官と山谷えり子内閣府政務官でチェックできるように関係省庁、議員に積極的に働きかける」と明記されている（先の図版参照）。

女性の社会進出に前向きだった猪口邦子・内閣府特命担当相（当時）らに対し、ジェンダー平等批判で共鳴していた安倍、山谷両氏から圧力をかけてもらいたいという意味合いだ。

UPFなど教団系の関係者から働きかけがあったかを本誌が山谷氏に問うと、「働きかけは受けておりません」と回答した。

神社本庁と統一教会関連団体の両方と接点を持っていた議員の一人に稲田朋美衆議

院議員がいる。

しかし、2021年10月の衆議院選挙で「落選運動をされた」という。稲田氏は21年、LGBT理解増進法案を推進した。また夫婦同姓を維持しながら旧姓を法的にも使える制度を法務委員会で提起し、結婚後に氏を変える多くの女性の不利益解消にも動いてきた。

すると選挙中、有権者に「国民の敵　稲田朋美氏には絶対に投票しないで下さい」と書かれたはがきを送られた。国会内では「選択的夫婦別姓を推進している人」として野党議員と顔を並べたチラシがばらまかれた。誰が行ったかは不明だが、完成度の高いチラシには一定の費用がかかっており、組織性がうかがえる。

（野中大樹、兵頭輝夏）

優遇批判に現役僧侶が応える

宗教法人「優遇税制」の真相

元国税査察官／税理士／僧侶・上田二郎

安倍元首相が凶弾に倒れ、統一教会との関係が報道された日、多くの宗教者が、またぞろ宗教法人課税論が鎌首をもたげると思ったに違いない。過去にも、オウム真理教事件によって宗教と金の問題がクローズアップされ、宗教法人の優遇税制廃止論が巻き起こり、事件が1つの契機になって宗教法人法が改正された経緯があるからだ。

確かに宗教法人には一般法人では享受できない優遇がある。ただ、毎度繰り広げられる議論には誤解が含まれていることも少なくない。

本稿では宗教法人の優遇税制を解説しつつ、なぜ優遇があるのかを説明する。さらに仏教界に身を置く立場から、信教の自由を守るための提言を試みたい。

宗教法人の主な優遇とは？

優遇で大きなウェートを占めるのが収益事業課税、みなし寄付金、固定資産税の非課税扱いだ。これらについては後述するとし、まずは特典がある主な税金を確認する。

宗教法人に対する優遇税制はさまざま

	優遇される税金	特典の主な内容
国税	法人税の軽減税率	一般法人23.2%に対し宗教法人19%（法人所得800万円以下はどちらも15%）
	源泉所得税の非課税	預貯金の利子、株式配当などの収入には源泉所得税が課税されない
	相続税・贈与税の非課税	遺贈または贈与により財産を取得した場合、原則的に非課税
	印紙税の非課税扱い	発行する領収書には印紙税が課税されない。ただし、契約書は課税対象
	登録免許税の非課税	境内建物や境内地に係る登録免許税は非課税
地方税	法人事業税	収益事業に対してのみ課税。外形標準課税は適用されない
	法人住民税	収益事業に対してのみ課税。収益事業の均等割税額は法人住民税の最低税率
	不動産取得税の非課税	境内建物や境内地に係る不動産取得税は非課税扱い

前表のように多くの優遇があるように思えるが、国税では法人税の軽減税率、地方税では法人事業税、法人住民税以外は発生頻度が低いため恩典は軽微だ。

ただし印紙税については、2022年2月にファミリーマートが東京国税局の税務調査で多額の印紙の貼付漏れを指摘され、玉突きで納骨堂などがある寺院に「印紙税のお尋ね」が送付された。墓地使用許可証や大規模納骨堂の契約書を作成する宗教法人をターゲットに、印紙の貼付漏れを指摘する税務調査が増加している。

収益事業課税とは？

宗教法人は「本来の宗教業務」を行っている限り、原則非課税だ。

考え方としては、マンションの管理組合と同じである。管理組合も組合員から修繕、清掃、光熱費などの用途で組合費を集め、そのために使っている限りは課税されない。ただし、組合費を補填するためにコインパーキング（駐車場）を整備すれば、収益事業に該当して法人税の申告・納税義務が生じる。

つまり、宗教法人が教義を広めるために「本来の宗教業務」によって浄財（喜捨金）を集め、その目的で使っている限り、信教の自由を保障する観点からも課税されることはない。

しかし、宗教法人の事業が一般事業者と競合するケースもあって、もし、そのような事業に課税しないとなると宗教法人が競争で有利になる。そのため宗教法人が収益事業を行った場合のみ法人税を課税する一方、種々の課税上の特典を認めてバランスを取っている。

法人税法には課税対象になる収益事業として34の事業が明示されているが、税理士である筆者の感覚からすると、「本来の宗教業務」以外のほぼすべての業務が課税対象になっている。世間が抱く「坊主丸儲け」とのギャップは大きい。

例えば、境内の売店で絵はがきを売っても、休憩所の自動販売機でジュースを売っても物品販売業になり、ヨガ教室などに本堂を貸しても席貸業として課税される。

「本来の宗教業務」の範囲が極めて限定されている一例として、ペット供養を挙げる。家族同様のペットを喪失した「心のケア」が目的のペット供養は宗教活動の一環であるとして宗教法人と国税当局が課税処分について争ったが、最高裁判所は収益事業と判断した。

みなし寄付金とは?

みなし寄付金とは、公益的な事業を継続するため、一般企業と同じ土俵の収益事業で得た資金を公益事業に使った場合、同じ公益法人等の内部取引であっても「寄付金」と見なす制度だ。本来経費にならない内部取引を、あたかも収益事業会社から公益事業会社へ寄付があったもののようにして税額計算をする。

みなし寄付金のイメージ図

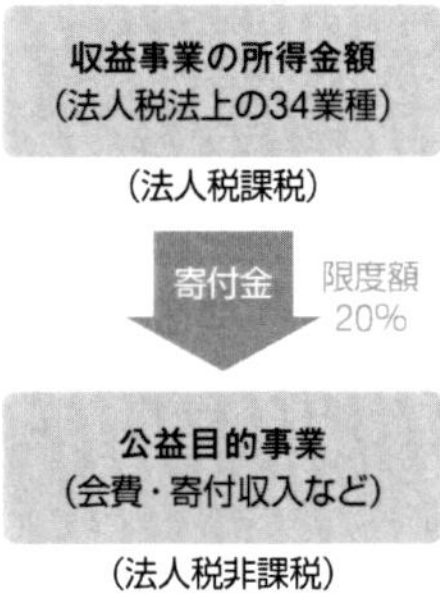

もともと、収入の多くを寄付に頼る公益法人等の基盤を支えるため、収益事業で得た資金に営利目的の一般企業と同等の税金はかけないようにしている。限度額は公益法人等の種類によって決まるが、宗教法人が寄付金として損金（経費）にできる限度額は所得金額の20％。よって、仮に収益事業の所得が1000万円あったなら、1000万円×20％×15％（法人税率）の30万円が減税される。

固定資産税の非課税扱いとは？

固定資産税の非課税対象は、「墓地および宗教法人がもっぱらその本来の用に供する境内建物および境内地」と、極めて限定されているが、現状では境内建物や境内地の多くが、ほぼ無条件で非課税扱いになっている。

よって、宗教法人課税論が本格化していくと、真っ先に狙われるのは固定資産税ではないかと筆者は考えている。自治体の対応もしだいに厳しくなり、現地調査によって非課税の範囲を厳密に判定するケースが増えている。

その結果、宗派不問の納骨堂に対し、その一部が「本来の宗教業務」に使う建物には当たらないとされ固定資産税を賦課された事例や、過去には、境内の自動販売機の設置場所が収益事業の土地であるとされ、固定資産税を賦課された事例もある。

「信教の自由」を盾にした情報不開示は今後も通るか？

宗教法人が社会の一員である限り、また、税金面で優遇されている以上、宗教法人の運営や会計には一定の透明性が求められる。しかし現実には税務調査によって悪質な所得隠しがたびたび発覚し、報じられてきた。財務諸表の公表などの自主的な改革の動きも、残念ながら鈍いままだ。

宗教法人と同じように税制優遇を受けている公益法人や学校法人、社会福祉法人、認定ＮＰＯ法人は、情報開示が義務化されている。

国家財政が逼迫する中、国民全体で痛みを分かち合うことが必要な時代だ。優遇を受けている宗教法人が「信教の自由」を盾に情報不開示とする姿勢はもう通用しない。

一方、寺院は少子高齢化によって住職の跡継ぎのいない世帯が増えているのが現状だ。都市部に住む子女が田舎の墓を移すケースもあり、衰退に歯止めがかからない。

コロナ禍も衰退に拍車をかけた。観光業や不動産業を軌道に乗せて潤う一部を除き、今後、多くの寺院は檀家減少で困窮し、荒れ果てた無住寺となっていくだろう。

そんな厳しい状況下、寺院を存続させていくためには収益事業に頼らざるをえない。命綱といえる優遇税制を維持して「信教の自由」を守るためにも、宗教法人は自ら情報開示を進め、社会から信用され、応援される組織に生まれ変わらなければならない。

上田二郎（うえだ・じろう）

東京国税局採用後、マルサの内偵調査部門などに勤務。2009年に退職した後も税理士として活躍。近著に『税理士の坊さんが書いた　宗教法人の税務と会計入門　第三版』。

無制約ではない「信教の自由」

憲法学者・南野　森

信教の自由はどこまで保障されるのか。統一教会や宗教2世をめぐる問題について、憲法学者の南野氏に聞いた。

統一教会をめぐっては、信教の自由を理由にした行政の及び腰な姿勢が浮き彫りになった。

――宗教法人に対する解散命令請求は過去に2例しかなく、文化庁は慎重な姿勢です。

大前提として、宗教法人を解散させることは、信教の自由の直接的な侵害には当たらない。1996年に解散命令が出されたオウム真理教の最高裁判所決定でも、同様の判断が示されている。(地下鉄サリン事件などを起こし、教祖の麻原彰晃をはじめ多数の幹部が逮捕された。1996年に解散命令)

宗教法人格がなくなると、税制上の優遇といった「特典」がなくなるが、宗教団体としての活動は維持できる。信教の自由と宗教法人としての特権が失われることは、切り分けて議論する必要がある。

過去に解散命令が出された2例はオウム真理教と、2002年の明覚寺だ。明覚寺は霊視商法で一般の人を脅して献金を集めた。(「霊視商法」を行っていた教団トップらが詐欺罪で逮捕された。2002年に解散命令)

この点で統一教会と類似する。

(編集部注:このほか、「法の華三法行」は、「足裏診断」を行い多額の献金を集めていた教祖の福永法源が詐欺罪で逮捕された。2001年解散命令を出される前に破産宣告により解散)

――宗教法人法の解散要件には、「法令に違反して、著しく公共の福祉を害すると明らかに認められる行為をしたこと」とあります。過去の2例と比較して、どう位置づけられますか。

この解散要件は非常に抽象的だ。過去の2例は、教団の教祖や幹部が刑事事件で逮捕されている。そのため文化庁は、刑事裁判で宗教法人本体の役員などの責任が認められないと解散要件に当てはまらないと解釈している。

文化庁の解釈は官庁の法解釈として一定の権威があるが、あくまで行政の基準だ。最終的な解散命令は裁判所の判断になる。その前の段階で、文化庁がふるいにかけすぎて裁判所の判断を仰がないでいる。はたしてそれでいいのか。

――2009年、霊感商法で印鑑販売をしていた統一教会傘下の販売会社「新世」の幹部が逮捕され、特定商取引法違反で懲役刑を下されています。それでも宗教法人本部には捜査が及びませんでした。

この事件の判決で、販売会社は全社員が信者であると認定され、統一教会の信仰と一体となったマニュアルを基にした組織的な犯行だと認定された。しかし、法的には販売会社は宗教法人である統一教会とは別法人になる。法人を分けている点こそが、統一教会のいわば巧妙な点だ。

統一教会は過去の裁判で、霊感商法や献金強要が違法行為であると繰り返し認定されている。その判例の多さは、ほかの宗教団体の比ではない。統一教会の巧妙なやり方と、類を見ないほど多い判例をどう評価するか。その点が裁判所に問われることになる。統一教会の特殊性を考えると、2例に縛られない新しい判断をすべきだと思う。

解散命令が難しいにしても、ほかにやるべきことはある。1つは優遇税制の見直しだ。おそらく、ほかの宗教団体の反発があるため、政治的合意を得るのはかなり難しいだろうが、そこにメスを入れるべきではないか。

税制上の優遇を享受しているならば、その特典に応じた責務がある。詐欺的な集金を行っていないか、外為法に触れるような海外送金をしていないか、こうしたお金の流れを明らかにする必要があるが、透明化されていない。

献金額に具体的な上限を設けるといった案も出ているが、現実的には難しいだろう。

しかし、文化庁あるいは税務当局がお金の流れを明らかにしたり、行政が相談窓口を設けて被害相談数を公表したりといったことで、一定程度の透明化はできる。消費者庁や消費生活センターが、相談件数や内容を公表しているのと同じで、宗教団体に関する相談やクレームの公開を検討すべきだ。

——統一教会だけでなく、文化庁に提出された宗教法人の財務諸表などの文書は公開されません。

税制優遇を受けている場合や、ほかの公益法人であれば透明化されるべきお金の流れが、宗教法人になるとベールに包まれる。信教の自由が錦の御旗になっているからだ。しかし、行政がお金の流れを公開しても、信教の自由を侵害することにはならない。お金の流れを公開されて困るような宗教団体は、そもそも宗教法人として保護する必要性に欠ける。

宗教法人法は宗教団体に対する性善説に基づいている。統一教会に限らず、宗教であることを隠れみのにして、反社会的な行為をする団体が紛れ込んでいる可能性がある。しかし信教の自由を盾にされると、どこまで介入していいのか、行政側も腰が引けてしまう。

信教の自由は無制約ではない。心の信仰は守られても、外形的に違法行為や反社会的な行為をすれば制裁を受けるのは当然だ。憲法上の権利が無制約ではないことは、ほかの権利も同じ。表現の自由は名誉毀損やプライバシー侵害に当たれば制約されることは、よく理解されている。ところが、信教の自由になると急に及び腰になる。

「カルトSOS」が必要

——宗教2世の当事者からは、子どもの信教の自由が侵害されているという声が上がっています。ただ、親が教育する権利も保障されています。

そこは一番の難題だ。家庭の中に公権力がどれくらい踏み込めるのかという問題になる。児童虐待と同様に、虐待が疑われる、学校に行かせないなど外形的に見える部分にしか介入できないだろう。

例えば、カトリックでは幼児洗礼がある。それを、成人になってから自分の意志で洗礼を受けるようにと国家が決めるのは、信教の自由を侵害すると教会側は反発するだろう。宗教や親の側からすると、信仰の継承はとても重要な価値だ。「子どもを洗脳してはダメ」と言うのは難しい。

ただ、子どもが助けを求めたり、相談できたりする窓口は必要だ。フランスではカルト問題に悩む人が電話できる窓口がある。日本でも「カルトSOS」といった電話相談窓口を早急に設置する必要がある。子どもの異変に気づいた学校の先生など、周囲も相談できる窓口だ。こども家庭庁に窓口を一本化し、そこで2世問題に対応するのも一案だろう。

——行政機関に相談しても宗教が絡むと介入できないと聞きます。

2世の人たちが、育児放棄に遭ったり、経済困窮に陥ったりしていても、行政や警察は「宗教の問題だから」と立ち入ろうとしない。だが、児童相談所の仕事は家庭の中に入ることだから、信教の自由があるからといって、ひるむ必要はない。宗教に対する知識不足や誤解が、さまざまな不幸を生んでいると思う。

（聞き手・井艸恵美）

南野　森（みなみの・しげる）
1996年、東京大学大学院法学政治学研究科修了。2014年から九州大学教授。著書に『憲法主義』（PHP研究所、共著）など。

エホバの証人　組織としての責任を認めない

安倍元首相の銃撃事件を機に注目が集まる宗教2世問題。苦悩する2世の実態が徐々に明らかになる中、親や宗教団体側が2世問題をどう捉えているかはあまり報じられない。そこで、体罰がたびたび問題視される「エホバの証人」のケースを基に親子関係について考えてみたい。

「今の時代だったら虐待だったでしょう」。そう話す優子さん（仮名・80代）は、エホバの証人の現役信者だ。同宗教は米国に本部を置く、キリスト教を母体とした新宗教。その日本支部である宗教法人「ものみの塔聖書冊子協会」によると、国内で布教活動を行う信者（伝道者）は、現在約21万人。子は親に従順であるべきだという教えから、親に従わない子には罰が与えられる。

「1975年にハルマゲドンが訪れる。子どもを助けるためには親に従わせなければならないと当時は真剣だった」（優子さん）。同宗教では、やがて世界の終わりが訪れ、信者だけが「楽園」に行けると説かれる。優子さんからすれば、体罰は子を救うための愛情だった。一方、息子の孝さん（50代、仮名）からすれば、幼少期の暴力は耐えがたいものだった。

「家の外に逃げても父親が追いかけてきて、2メートルくらいの竹の定規でたたかれた。母親が体を押さえつけ父親がたたくこともあった。逃げ場はなかった。体罰を許容する時代背景があったにしても、行き過ぎた暴力だったと思う」

優子さんがエホバの証人と出合ったのは、孝さんが2歳のときだ。育児への不安があった優子さんは教育の指針として、「聖書の中にすべて答えがある」と感じた。

やがて父親も入信し、月90時間（現在は70時間）の布教活動を義務づけられる「正規開拓者」となった。布教活動が最優先とされるため、大学進学やフルタイムでの仕事は推奨されない。父親は勤務していた会社を辞め、家も売却した。

孝さんも小学2年生のとき、伝道者の資格を取り、学校から帰ると布教に出かけた。

高校生のとき洗礼を受け、23歳から神奈川県にある日本支部で働き始めた。住居や食事は提供されていたが、月給はわずか1万7000円だった。

「統一教会のような多額の献金は求められないものの、長時間の布教活動で生活に窮する人も少なくない。脱会しようとしても、2世は学歴も職歴もなく、経済的にも自立するのが難しい」と孝さん。

20代後半で組織の方針に疑問を抱いた孝さんは、教団と距離を置き続けている。IT企業に勤め、1児の父となった今も、両親との確執は解消されないままだ。

親だけの責任なのか

エホバの証人は禁止事項やタブーが多く、学校生活での疎外感や、自由の制約を覚える2世が少なくない)。

エホバの証人の2世が感じた苦痛

- 輸血の禁止
- 大学進学や就労が制限される
- 選挙の投票に行けない
- 子どもを産むことを推奨されない
- 自慰行為など性的に不品行とされる行為の禁止
- 結婚前の性交渉の禁止
- スポーツ競技や運動会での応援に参加できない
- 誕生日会などのイベントに参加できない
- 脱会するとエホバの証人の家族や友人と接触できない
- 修学旅行での神社仏閣の見学に参加できない
- 親からベルトやガスホースで体を打たれる

（出所）取材を基に東洋経済作成

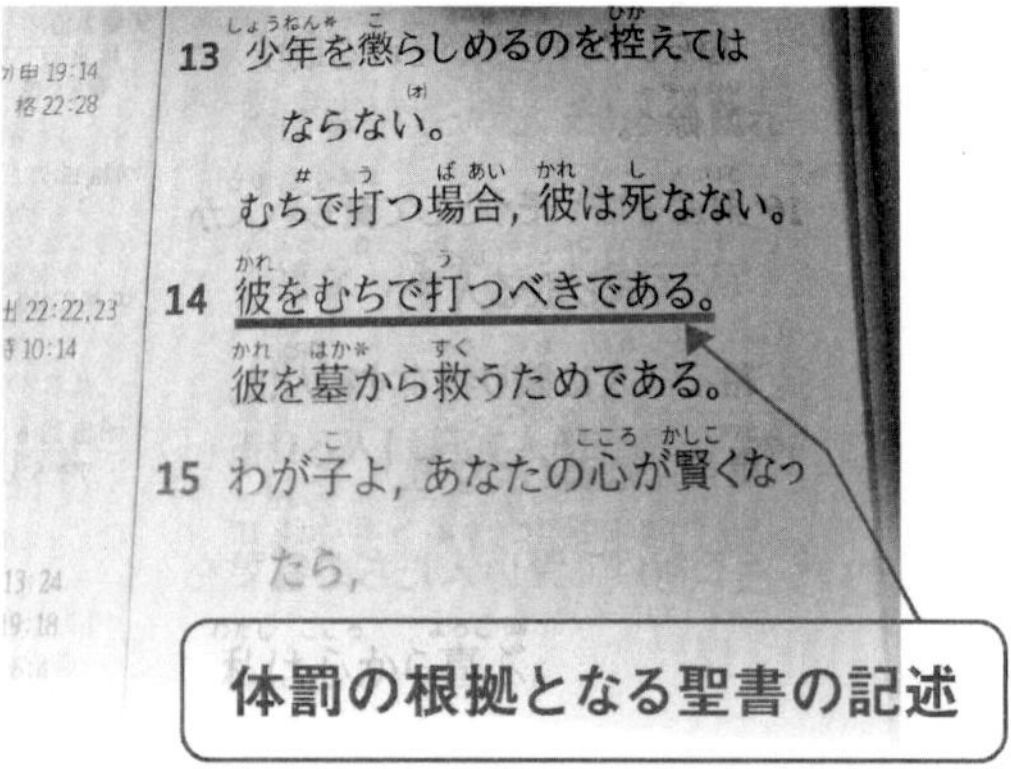

エホバの証人が出版する『新世界訳聖書』

有名なものでは、教団の聖書解釈に基づいた輸血の禁止がある。体罰が正当化されるのも、聖書の「彼をむちで打つべきである。彼を墓から救うためである」といった記述が根拠になっているのだ。

複数の信者によると「むち」にはベルトやガスホースが使われ、とくに90年代までは激しい打擲（ちょうちゃく）を行う家庭があったという。幼少期の体罰が心の傷として残り、精神疾患を発症する2世もいる。

体罰については、孝さんの両親も後悔の色をにじませる。

「1～2回でよいところを余分にたたいてしまった。もっと子どもと話をする時間が必要だった」

80代の父親はそう胸の内を明かす。6年前から自身の回顧録を書いている父親は、当時を振り返る中で「子どもたちには悪かったなと思うところがある。その反面、これでよかったという確信のようなものもある」と語る。

孝さんは思う。「両親の考えは死ぬまで変わらない。2人を変えてしまった組織に憤りを感じる。両親にも責任があるが、組織にも責任があるのではないか」。

2世問題を教団側はどう捉えているのか。日本支部に体罰の責任を尋ねると、「エホバの証人の出版物は一貫して、聖書の原則と調和した仕方で愛情や優しさを示しつつ、子どもを教え導くように勧めている」と答えた。聖書の言葉を理解し実践するのは個人であり、教団の指示ではないという姿勢だ。

しかし、個々の親の判断だけで体罰が行われているとはいいがたい実態がある。エホバの証人は、60~120人ほどの「会衆」という地域単位で活動する。会衆内で世話人役となる男性は「長老」と呼ばれ、長老の家族は模範的な家庭でなくてはならない。長老だった父親にミミズ腫れになるほどたたかれたという女性(40代)は言う。「父は地区の巡回監督から、『むちにはこれが効く』と言われ、三つ編みにしたテレビのコードでたたいていた」。

巡回監督とは20ほどの会衆を束ねる地域のスーパーバイザーのような役割だ。こうした組織内での指示と模範的な家庭像に近づくための実践が、激しい体罰を正当化してきたことは否定できない。

体罰だけではない。禁止事項や制約の多さに一部の2世が苦しみ、組織から離れていく現実がある。その現実を教団が組織の問題として受け止めない限り、親子の溝は埋まらず、2世信者の苦しみは続くだろう。

（井艸恵美、野中大樹）

衰退する新宗教　銃撃事件が凋落に拍車

『宗教問題』編集長・小川寛大

安倍元首相の銃撃事件以降、マスコミ報道は統一教会を中心とした「政治と宗教」の話題一色になった。

安倍氏を撃った山上徹也容疑者の母親は統一教会の熱心な信者で、教団に多額の献金を行って家庭が崩壊、山上容疑者は「安倍氏と統一教会はつながっている」と思い犯行に及んだと供述しているため、統一教会に注目が集まるのは当然だ。

実際、多くの政治家が統一教会や関連団体と接点を持っていたことが事件後に明らかとなった。このような報道に触れていると、一般有権者の中から「日本の政治は特定宗教団体の強い影響下にあるのではないか」といった不安が出てくるのも道理だ。

しかし、「政治家と宗教団体」の関係を個別に吟味すると、少し違った状況が見えてくる。

統一教会だけではない

統一教会との接点で注目を浴びた国会議員の一人に自民党の下村博文元文部科学相がいる。過去に統一教会関係の雑誌にインタビューが掲載されたり、教団関連団体から選挙の「推薦状」を受け取っていたりしたことが報じられるなど、同教会との関係性がとくに濃いとされる人物だ。

ただ、下村氏が接点を持ってきたとされる宗教団体は統一教会だけではない。彼は崇教真光やワールドメイトといった新宗教団体との親密な関係も取り沙汰されてきた人物であり、何より選挙の際には創価学会を支持母体とする公明党の推薦を受けている。

同じく、自民党には山谷えり子氏という参議院議員がいる。彼女も過去に統一教会関係のメディアにインタビューが掲載されたり教会系のセミナーに名前が登場したりするなど、同教会との浅からぬつながりが指摘されている。

しかし、山谷氏はそもそも神道の統括団体・神社本庁の政治組織である神道政治連盟の組織的なバックアップを受けて選挙を戦ってきた政治家であり、かつ、自身はクリスチャンだと言っている。

「統一教会と接点があった」と指摘される政治家たちの「宗教事情」を調べてみると、彼らが実に多種多彩な宗教団体と接点を持ってきたことが見えてくる。

こうした構図から浮上する疑問は「彼らは特定の宗教に洗脳され、強い影響下にあるのではないか」というよりも、「彼らはいったい何教の信者なのか。いったい宗教を何だと思っているのか」というものではないだろうか。

一般の有権者が憤る以上に、各宗教団体は自分たちが政治家から都合よく〝二股、三股〟をかけられている現実に怒るべきであろう。

ところが実際は、「政治と宗教」の問題について明確な意見表明をする宗教団体はほぼない。なぜなら、政治家も宗教団体も「持ちつ持たれつ」の関係にあることを互いによく知っているからだ。

政治家が宗教団体に近づくのは信仰心などからではなく、票や選挙運動支援を当てにしているからであり、宗教団体が政治家をイベントに招いたり祝電を要請したりするのは「自分たちはこんな国会議員とつながっている」という箔付け、広告塔に利用できるからだ。

政治に関わる教団が多い

主な新宗教法人　仏 仏教系　諸 諸教　神 神道系　キ キリスト教系

系統	教団	公称信者数	概要・特徴
仏	創価学会	827万世帯	国内最大の新宗教団体。公明党の支持母体。日蓮正宗の信徒組織だったが1991年に破門された
諸	幸福の科学	1100万人	教祖・大川隆法を地球神「エル・カンターレ」、仏陀の再誕として崇拝。幸福実現党は失速気味
仏	立正佼成会	222万人	創価学会と対立する新宗教団体の連合体「新日本宗教団体連合会」結成の中心を担う
仏	顕正会	222万人	創価学会同様、日蓮正宗の信徒組織だったが74年に解散処分となり単独の宗教団体に
諸	パーフェクト リバティー(PL)教団	67万人	御木徳近が、先代が立教した「ひとのみち教団」を引き継いで立教
諸	世界救世教	45万人	大本教幹部だった岡田茂吉が教祖。「浄霊」と呼ばれる、手かざしによる病気治しをする
仏	真如苑	93万人	宗教的なカウンセリング「接心」を行う霊能者になる信者を育成
神	生長の家	36万人	設立当初は保守色が強かったが、現総裁は脱原発を掲げるなどリベラル色も
諸	天理教	119万人	江戸時代末期、神に憑依され天啓を受けたとする中山みきが開いた宗教。本部は奈良県天理市
神	ワールドメイト	8万人	教祖かつリーダーの深見東州は受験予備校「みすず学苑」などを経営。保守系政治家ともつながりを持つ
キ	ものみの塔聖書冊子協会(エホバの証人)	21万人	聖書の文言に忠実であることを重視し、キリスト教系でありながら神エホバのみを崇拝する
キ	世界平和統一家庭連合(旧統一教会)	56万人	韓国の新宗教。安倍元首相を銃撃した容疑者が「教団に恨みがあった」と供述したことから耳目を集める
諸	崇教真光	80万人	世界救世教出身の岡田光玉が起こした「世界真光文明教団」からの分派。保守系団体の日本会議に参加

(注)順不同　(出所)『宗教年鑑』や『会社四季報 業界地図 2023年版』などを基に東洋経済作成

減る「宗教票」

実際のところ、日本の宗教界は「政治を支配して操っている」どころか、法人数、信者数ともに右肩下がりで足元の基盤が崩れかかっている。

例えば新宗教界ガリバーの創価学会。選挙で支援する公明党の比例得票数は年々落ちている。創価学会に次ぐ国内第2位の規模を持つとされる立正佼成会は、2022年7月の参議院選挙において比例代表で推した白眞勲（はく しんくん）候補（立憲民主党）、藤末健三候補（自民党）のいずれもが落選する事態となった。立正佼成会が参院選比例で推薦した候補が全滅するのは、現行制度になって以降、初めてのことである。

幸福の科学を母体とする幸福実現党も党勢の衰えが目立つ。今回の比例代表で集めた票数は約14万。2009年の結党以来、国政選挙で当選者を出したことは一度もないが、20万～30万程度の比例票を集めてきた経緯がある。10万台前半にまで落ち込んだのは、やはり今回が初めてだ。

法人数も信者数も減少傾向が続く

—宗教法人数と信者数の推移—

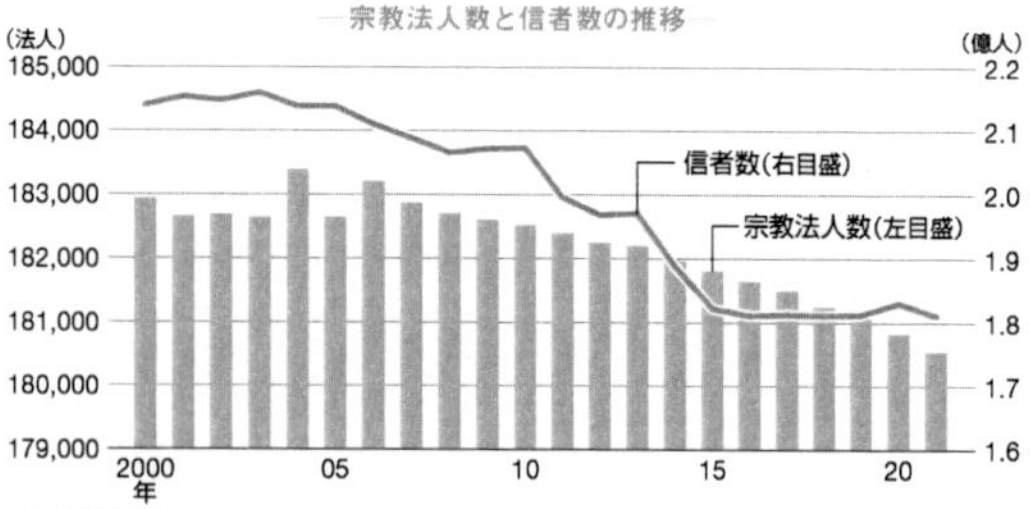

(出所)『宗教年鑑』

衰退傾向にあるのは伝統宗教も同じだ。山谷氏は神道政治連盟の支援を受けてきたが、今回の参院選で獲得した票は17万。当選こそしたものの、2016年の前回選挙で得た24万票から7万票も減らした。

耳目を集める統一教会も、組織票の数は数万程度とされる。2012年に教祖文鮮明（ムンソンミョン）氏が死去して以降は妻の韓鶴子（ハンハクチャ）総裁と息子たちによる親族内争いが表面化し、教団の求心力は衰えていた。安倍銃撃事件がなくとも組織は息切れし始めていたのだ。

安倍銃撃事件は統一教会のみならず宗教界全体に逆風を吹きつけている。宗教界で緩やかに進行していた凋落のスピードを上げるだろう。2022年の夏は、この国における「政治と宗教」の大きな節目となるはずだ。

小川寛大（おがわ・かんだい）
1979年熊本県生まれ。早稲田大学政治経済学部卒業。宗教業界紙『中外日報』記者を経て宗教専門誌『宗教問題』編集委員。2015年に編集長。著書に『神社本庁とは何か』など。

寄付や公明党の得票数は往年の勢いなし

創価学会　団塊世代の退場で弱体化

ジャーナリスト・高橋篤史

「今度、そちらの選挙区でうちの○○というのが、出るんですけどぉ、お願いします」

国政選挙の前になると筆者の元には、ある年配の創価学会の女性会員から必ず投票依頼の電話がかかってくる。かつて全国婦人部長も務めた古参の大物学会員だ。

依頼されてもそのとおりに投票したことなどないのだが、それでも必ず電話が入る。これが世にいう「F取り」である。「F」とはフレンド、つまりは友人への投票依頼を指す学会用語だ。

創価学会の組織的な選挙活動が論じられるとき、とりわけ主婦層の学会員が熱心に取り組む、このF取りが引き合いに出される。もっとも、「男子部」（おおむね30代以下）の時代に選挙活動で前線指揮を執った50代の元活動家によれば、それは「勢いのバロメーター」にすぎないらしい。筆者への依頼のように票に結び付かないことが多く、当てにならないからだ。学会の緻密かつ強力な選挙活動は、むしろほかの点が重視されているのが本当のところだ。

参議院選挙など早い場合、学会の選挙活動は半年前には水面下で動き出している。候補者事務所の近くに「企画室」と呼ばれる「裏選対」がまず立ち上げられる。学会はことのほか政教一致批判に神経質だ。だから全国各地の会館を選挙活動に使うことはない。候補者事務所で学会員の姿が目立つのも御法度。そのため雑居ビルの1室などを借り、拠点とする。

企画室には学会本部から職員が責任者として派遣され、地元幹部が集められる。活動の最初は「ZU台帳」の整備だ。「ZU」とは「全有権者」を指し、まずは選挙区内の学会員世帯すべてがリストアップされる。学会の地元組織は「統監カード」と呼ばれるものを常備しており、学会員の氏名や住所、家族構成などを把握している。これがZU台帳の大本となる。

票固めは「ＮＵ」から着手される。「内部有権者」、つまりは学会員そのものだ。次は「ＧＵ」である。「外部有権者」のことで、学会員世帯のうち未入会者を指す。ＮＵの中で積極的に選挙活動を行っている者は「Ｋ」と略称され、その者がＦ取りをすれば「マルＫ」に格上げとなる。こうやって学会は票を固めていく。

公示後、民間勤めの地元幹部は有給休暇を取って企画室に常時詰める。テレアポ部隊が四六時中電話をかけまくり、毎晩、その日の活動報告が行われる。そんな中、威勢のいいＦ取り報告は、票に結び付かないにしても、その場を盛り上げる格好の景気づけだ。

他方で、期日前投票の「連れ出し」も学会の特徴である。高齢の学会員に候補者氏名を手取り足取り覚えさせ、企画室の学会員がマイカーで投票所まで送迎する。

選挙区の企画室で取りまとめられた情報は直ちに東京・信濃町の学会本部に上げられ、会長以下の最高幹部により情勢分析が行われる。選挙終盤、公明新聞には危機感をあおる大見出しが躍り、現場ではいっそうネジが巻かれる。こうやって底辺から積み上げられた学会票が、公明党に投じられる全国数百万票となるわけである。

公明党の得票数はジリ貧

しかし近年、その組織力には衰えが目立つ。2022年7月の参院選で公明党が獲得した全国の比例票は618万票。21年の衆院選から100万票近くも減った。

元本部職員によれば、自公協力の下、衆院選の全国比例票には自民党との「バーター」により取り込んだものが相当数含まれるという。小選挙区で自民候補に学会票を差し出す代わりに、比例区で自民票をもらうのである。だから参院選のほうがそのときの実力を素直に表しているとみていい。3年前の参院選で獲得したのは653万票。やはり今回はそこからも減らしている。

600万票割れが目前

—公明党が獲得した全国比例票の推移—

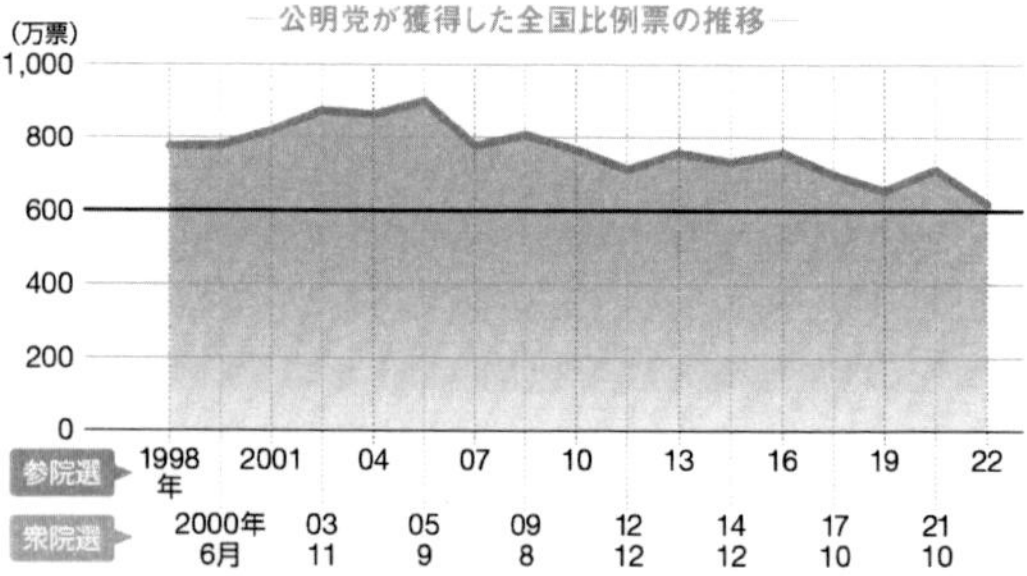

(注)参院選は各年7月　(出所)総務省

学会では少子高齢化が急速に進む。新規会員を獲得する「折伏（しゃくぶく）」はまったく進まず、近年、公称世帯数（創立以来の累積数）は827万世帯からぴくりとも動かない。

2022年6月の本部人事で原田稔会長の長男・星一郎氏が教学部長に就任したように、現在、「宗教官僚」たる職員から一般会員に至るまで大半は「2世・3世」だ。だが入信しない子弟もまた多い。選挙活動がまさにそうだが、学会員は私生活などない「学会漬け」を強いられる。それを見てきた子弟の多くは学会嫌いになりがちだ。

先述の元活動家によると20年ほど前、地元の統監カードを調べると3分の1は「幽霊会員」。もうそこには住んでいなかった。学会員は転居先の組織に届け出る決まりだが、そうしない例は多い。とくに子どもが進学などで実家を出る際、親は転居先を連絡しないことが多いという。必ず地元組織から聖教新聞の勧誘が来たりするからだ。子を思う親心である。

現在、「本部」（複数の町単位からなり300世帯前後）や「支部」（100世帯前後）といった現場組織では、高校生以下の「未来部」だけでなく男子部でも部長を立てるのが難しいという。なり手がいないのだ。一方で高齢化は容赦ない。学会員の年齢分布で最も厚い層は団塊世代。彼らは今や後期高齢者だ。かつて各地の会館運営は男子部員で構成する「牙城会」が担ってきたが、もはや要員確保は困難。代わりに学会は「壮年部」で構成する「王城会」を立ち上げ、「ヤング50代」と叱咤して動員に躍起だ。

2021年3月、学会は経営不振の藤田観光から大阪市内の大型施設「太閤園」を買い取った。取得額は約390億円。現金での取得とみられ、資金力を物語る逸話といっていい。ただし、それも今日かなり衰えてきている可能性が高い。

毎年の「財務」(寄付)、聖教新聞が柱の出版事業、それに全国で展開する墓苑事業――それらが学会収入の3本柱だ。

毎年暮れの財務を行えば「広布部員」の称号が与えられ、死亡時には香典1万円が遺族に贈られる。「目指せ3桁(=100万円超)」と一部の幹部は督励するが、平均は1万~10万円程度とされる。

公称550万部をうたう聖教新聞は多部数購読が常態化。現場組織の幹部は先述した水増しの統監数を基にノルマが下りてくるので、自身で何部も取らざるをえなくなるという。墓苑は世間相場より安いとされ、学会は購入ローンまで用意し完売を必達目標とするが、すでに行き渡った感が強い。

母数が圧倒的に多いため、統一教会のごとく破産者が続出するような強引な資金集めは聞かれないが、疲弊感は漂う。学会収入の全貌は秘密のベールに覆われている。ただ、宗教法人本体と違ってガラス張りの公明党の収支報告書を見ると、低落傾向は明らかだ。

党収入の柱は公明新聞事業。2020年分の額は66億円で、2000年に比べ3割減。実のところ近年、比重が増すのは議席数と得票数に応じ国から配分される政党交付金。自公協力でかさ上げされた得票数はここでも効いてくる。直近、収入全体のうち政党交付金の割合は25％前後まで上昇している（同）。

組織の弱体化を表す公明新聞収入の低落

—政党交付金の比重は増加傾向—

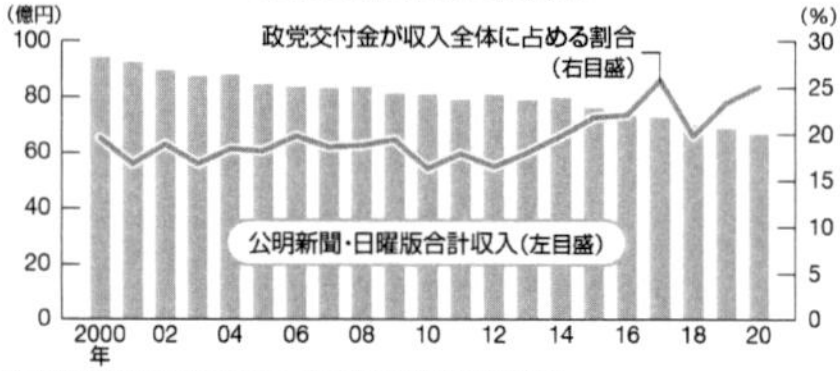

(注)日曜版発行は2009年まで　(出所)政治資金収支報告書

公明新聞の売り上げが収入の大半を占める

—公明党本部の収支構造(2020年分)—

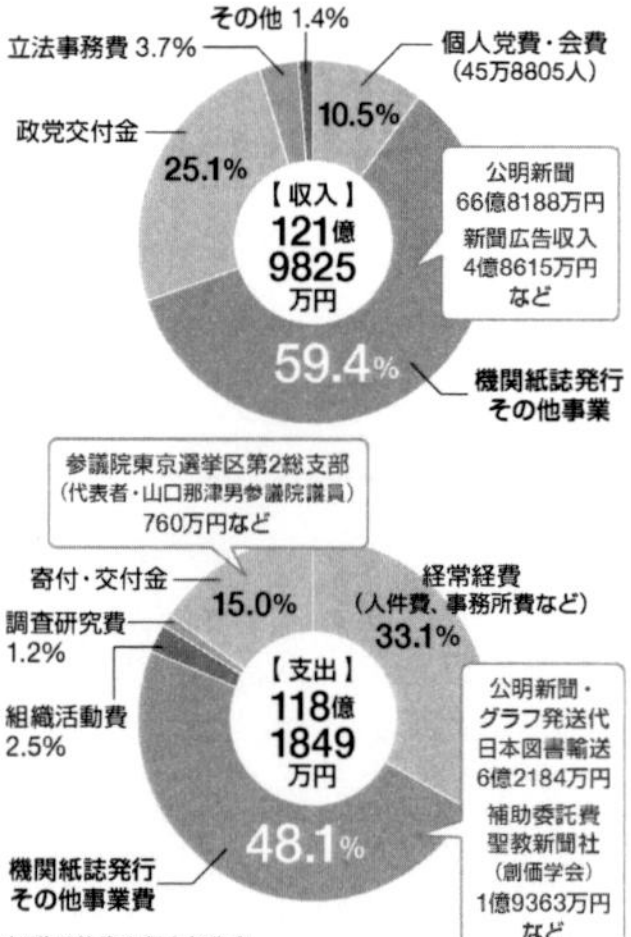

(出所)政治資金収支報告書

日蓮正宗の在家信徒団体だった創価学会が政治進出したのは戸田城聖第2代会長時代の1955年。当初、政界に続々と送り込まれたのは現役の学会幹部の面々だ。

池田大作氏が第3代会長に就任した翌年に結成された「公明政治連盟」(公明党の前身)で初代委員長に就いたのは原島宏治氏で、露骨にも学会の理事長職と兼務していた。当時、学会と党はどう見ても一体。掲げた政治目標は日蓮正宗の「大御本尊」を安置する施設を国費で賄う「国立戒壇の建立」であり、その教えと政治を融合させる「王仏冥合」だった。

それが1969年暮れに起こった「言論出版妨害問題」で方針転換を余儀なくされる。世間から批判を浴びた学会は前述2つの政治目標を撤回、現役の学会幹部が議員を兼ねることもなくなった。以降、学会と党の一体性は水面下に潜った。

選挙が活動の中心に

さらなる変質の契機は1990年に勃発した「宗門問題」だ。学会は日蓮正宗と決別。結果、大石寺登山など本来の信仰活動は激減した。代わりに選挙活動がますます比重を増す。「選挙には熱心だが政策に無関心」とも揶揄される現場の学会員は「池田先生を守るため！」と票集めに日夜邁進し、それ自体が信仰活動となった。信濃町からすれば選挙は組織引き締めにもってこいであり、議会での勢力確保は対外的な組織防衛戦略の要だ。

活動家は年々減るのに学会は各地に会館を建て続ける。これも狙いは「ゼネコン票」のためとみる向きがある。ことほどさように、学会の「選挙中心」思想は行き着くところにまで行き着いた感が強い。目的と手段が逆転してしまったのだ。そんな中、後期高齢者入りする団塊世代の退場は間近に迫る。そのとき、組織が一気に崩壊するおそれは、今や否定できない。

高橋篤史（たかはし・あつし）
1968年生まれ。日刊工業新聞社、東洋経済新報社を経てフリージャーナリスト。著書に『凋落 木村剛と大島健伸』や『創価学会秘史』『亀裂 創業家の悲劇』など。

2世問題に創価学会も向き合ってほしい

文筆家・正木伸城

私は生まれてすぐに創価学会に入会した。信者が集まる会合への参加は当たり前。朝晩に仏典を読む儀式も日々行ったし、布教も熱心に実践してきた。

と同時に、私の中には学会に対する違和感もあった。例えば、学会以外の宗教に対し排他的であること、公明党を礼賛しすぎていると感じられること、そしてこのような違和感を口にすること自体が「ダメだ」とされがちなこと――。こうした違和感をぬぐえない人の中から、学会活動を離れる人が出てくる。

学会は公称827万の会員世帯数を誇る。しかし、実は活動家は相当に少数だ。とくに2世・3世信者ほど、その傾向が強い。私がリーダーだった地域では、布教に熱心な信者は青年世代で1割を切っていた。若い世代の最大多数は学会に無関心な層である。次に多いのが学会に複雑な感情を抱いている層。そして活動に熱い層は圧倒的に少ない。

なぜそんな分布になるのか。私は、①2世の多くが「自分で信仰を選び取った」という実感を持たず、そのために信仰心が薄い（あるいはない）こと、②学会に対する違和感を消化し切れずにいることが主な理由だと考えている。

もし違和感を抱いたとしても、自らの意思で信仰を始めた人なら受容できることが、2世には受容できない。いわば「違和感の消化不良」を起こすことがある。その消化不良を抱えた2世は、「私が学会の活動に疑問を持っていると知ったら、両親は悲しむはず」などと考えて、親のために信じたフリをしたり、必死に自身を納得させようとしたりする。

この無理がたたって、一部の2世信者は苦悩に沈み、結果として「この違和感の原因は、勝手に入会させた親にある！」と憎悪の念を燃やし、あるいは「自分がいけないのだ」と自責のスパイラルに落ちていく。苦衷の行き着く先は、「なぜこの宗教の家に生まれたのか」というアイデンティティークライシスだ。

このような「危機」に陥った宗教2世が、あるきっかけによって山上徹也容疑者のように事件を起こす可能性はゼロではない（偏見に注意してほしい。2世のほぼ100％は犯罪と無縁である）。もちろん彼の蛮行は許されないが、私には彼の心情がわかる気がする。親に頼んでも、「誰を」「何を」頼みにしても変化は訪れないのだから、最後は自分でコトを起こすしかない。

私としては、学会は宗教2世問題を対岸の火事とせず、向き合ってほしいと思っている。2世が抱く違和感やアイデンティティークライシスに丁寧に応じるなら、宗教2世問題が信仰の継承問題と地続きであるだけに、活動家の減少にも歯止めをかけられるかもしれない。救われる2世も出てこよう。

私の切なる願いである。

正木伸城（まさき・のぶしろ）
1981年生まれ。創価大学工学部を卒業後、創価学会本部に就職。2017年に転職し、人材ビジネス大手などを経て現職。父は創価学会元理事長の正木正明氏。

幸福の科学　宗教2世マンガ削除問題で集英社が失ったもの

ジャーナリスト・藤倉善郎

安倍元首相銃撃事件を機に注目されるようになった「宗教2世」問題。宗教2世あるいはカルト2世を取り上げるメディアは以前にもあったが、ここへ来て急増している。

2世問題については、安倍氏の事件の約5カ月前、ある騒動が起こっていた。集英社が運営するウェブメディア「よみタイ」で、菊池真理子氏が連載していたマンガ、『「神様」のいる家で育ちました～宗教2世な私たち～』の第5話が、2月1日、集英社の判断によって削除されたのだ。

教団名は伏せられていたものの、マンガは幸福の科学学園を卒業した元信者の体験談を基にしたものだった。信仰や教団の方針を優先する親に振り回された子どもが、自殺未遂の経験や生活保護での暮らしを経て平穏な日常を取り戻すために苦闘する姿が描かれていた。

幸福の科学学園については私自身が取材し、いくつもの記事を発表してきた。『週刊新潮』でのルポは、学園から民事訴訟を起こされたが完全勝訴で終了した。取材や裁判を通じて明らかになった事実と照らし合わせて、菊池氏のマンガの主要部分はすべて事実に即した内容だったといえるだろう。

削除のきっかけは幸福の科学による抗議だった。集英社側関係者によると、1月下旬、電話をしてきた教団の広報担当者が声を荒らげた。「今こうしている間にも信者が傷ついて血がどくどく流れているんだ！」。教団は集英社に抗議文も送付した。

2022年2月10日、集英社は第5話についてサイト上に謝罪文を掲載。「あたかも教団・教義の反社会性が主人公の苦悩の元凶であるかのような描き方をしている箇所がありました」、「結果として特定の宗教や団体の信者やその信仰心を傷つけるものになっていたことは否めません」とした。

幸福の科学の主張をほぼなぞった内容だ。同時に集英社は、抗議を受けたわけでもない第1～4話もすべて削除した。各話で教団名は伏せられていたが、幸福の科学だけではなく、エホバの証人、手かざし系新宗教、統一教会、プロテスタント系とおぼしき団体の2世が登場していた。

3月に集英社は連載終了を発表。集英社との話し合いの中で作者の菊池氏が集英社の方針に納得できず、終了を申し出たという。当時、菊池氏はツイッターでこう報告した。「傷つけない作品、公平性、中立性、両論併記、そんなことに縛られていたら2世問題は俎上にも載せてもらえないのではないか」。

安倍氏の事件と無関係に、ここ10年ほどマスメディアでは2世問題への注目度は増していた。主な出版や番組などを列挙すると、

・エホバの証人2世によるルポ、『ドアの向こうのカルト』（佐藤典雅、2013年）
・同じくエホバの証人2世で、マンガによる手記『カルト宗教信じてました。』（たもさん、2018年）、続編である『カルト宗教やめました。』（2020年）

・キンドルによる自主出版の後、2022年10月に書籍化される統一教会2世による『カルトの花嫁』(冠木結心)
・2020年、ネット動画ABEMAが2世問題を特集
・2021年、NHKが別々の3つの番組で特集
・同21年、ウェブメディア「AERA dot.」が短期連載で「カルト2世に生まれて」を掲載

こうした企画に関わったメディア側の社員が宗教2世というケースも複数あった。この問題は普遍的に存在するということだろう。

『「神様」のいる家で育ちました~宗教2世な私たち~』の菊池氏自身も創価学会2世だ。それもあってか、作品は人それぞれに2世としての体験や心情が異なること、単純な親子問題や、いわゆる「毒親問題」の側面だけでは捉えることができず、宗教の教義や教団の方針も2世問題に大きく影響することなど、この問題の深さと複雑さがよく表現されていた。

宗教問題を避けた30年

このように徐々にではあるが宗教2世問題への認識が広がる中で起きたのが、集英社による謝罪と作品の削除である。集英社が表現の自由を放棄するばかりか、ほかの表現者や出版社が萎縮しないか気がかりである。

菊池氏の一件を受け、ネット上では集英社や幸福の科学に対する批判が集まった。しかし一般メディアでこの問題を伝えたのは週刊誌『FLASH』のみだった。

メディアがオウム真理教事件に注目し統一教会問題を軽視してきたとして「失われた30年」と呼ぶ人がいる。しかし実際には、統一教会に限らず、団体からの抗議を恐れてメディアや言論人が宗教の問題を避けてきた30年だ。

山上徹也容疑者が統一教会2世とわかった際、もし人々が菊池氏の作品を目にすることができていたら。宗教2世たちが静かに傷つきながら声を上げてきたことを、より多くの人が瞬時に理解できたはずだ。集英社は結果的に、こうした機会まで逸したことになる。

しかし削除騒動の直後に、文芸春秋社が菊池氏にコンタクト。『「神様」のいる家で育ちました』は10月に同社から単行本化される。萎縮するメディアがあっても、ほかのメディアが補完する形で菊池氏の作品は世に出る。安倍氏銃撃事件が起きたのは、同社で単行本化が決定した直後のことだった。

幸福の科学広報局は本誌の質問に「(漫画は)明らかな事実誤認が複数存在すると共に、信仰の対象や教義等に対する不当な侮蔑的描写、冒涜等によって、教団信者の信仰感情を著しく害する」と回答。削除については「集英社側で独自に検討された結果と思われます」とした。

藤倉善郎(ふじくら・よしろう)
1974年生まれ。北海道大学文学部中退。在学中から自己啓発セミナーを取材。2009年にニュースサイト「やや日刊カルト新聞」を開設。

統一教会の「恫喝」に耐えた鈴木エイトの孤独な闘い

安倍元首相銃撃事件の後、一斉に統一教会批判キャンペーンを展開したマスコミ。国会議員が教団のイベントであいさつしている写真や動画、教団内部の資料など、あまたのデータが「動かぬ証拠」として報道されてきた。それらの情報の多くはジャーナリスト、鈴木エイト氏により提供されたものだった。

事件後、本誌を含め多くのマスコミ関係者は鈴木氏にコンタクトを取り、情報やデータの提供を求めた。この10年、統一教会の動向を継続的に取材してきたのは鈴木氏ほぼ1人だったからである。

「悪質な霊感商法や高額献金、2世たちの苦悩。目を背けてはならない現実があるのに、なぜ政治家はこの教団と関わりを持つのか。そんな疑問を抱きながら、私は第

2次安倍政権が発足した翌年の2013年から首相官邸と教団の関わりを調べ、記事を書いてきました。しかし残念ながら私と同じ問題意識を持って取材、報道するメディアはほとんどありませんでした。2022年7月に安倍さんが銃撃される事件が起きるまでは」

政治家の戸惑い

事件後、マスコミ各社は「教団と接点を持っていた政治家」の洗い出しに奔走し、深い関わりを持ってきた政治家は釈明に追われた。ついこの間まで問題視してこなかったマスコミの豹変ぶりにいら立ち、戸惑った政治家は少なくない。鈴木氏は、政治家による2つの発言に着目する。

1つ目は自民党の福田達夫総務会長（当時）による「何でこんなに騒いでいるのか正直わからない」という発言。2つ目は東京都八王子市の教会との関わりが指摘された萩生田光一政調会長の「正直申し上げて、統一教会の昭和の時代の関連（霊感）商法のことなどは承知をしておりましたが、その後、悪い噂を聞くこともなかったですし、そういった報道に接する機会もなかった」という発言だ。

「2人とも正直に語っています。政治家たちは統一教会や関連団体と付き合うことを問題だとはまったく思っていなかったのだから。イベントに祝電を送ったり出席してあいさつをしてやるだけで選挙のときは信者たちが無償で猛烈に働いてくれる。マスコミがそのことを問題視しないのだから、政治家にとっては教団を使わない手はない。結果的に多くの政治家が教団をコンビニのように便利に使ってきた。ただし、以前は違いました。少なくとも2006年に安倍さんがUPFに祝電を送ったとき、メディアはしっかり報じているのです」

2006年、官房長官だった安倍氏は教団の友好団体、天宙平和連合（UPF）に祝電を送っている。マスコミが報じたことで、安倍氏は、「誤解を招きかねない対応であるので担当者にはよく注意した」と、釈明に追われる事態となった。

ところが状況は変わる。

15年余りが経過した2021年9月、安倍氏は再びUPFのイベントにビデオメッセージで登場。韓鶴子（ハンハクチャ）総裁に「敬意を表します」とまで言い切った。

「山上徹也容疑者が教団と安倍さんの『近さ』を感じ、殺意を抱くきっかけになったとされる映像なのですが、もうこの頃には大手のテレビ局や新聞社がまったく反応しなくなっていました。報じたのは『週刊ポスト』と『FRIDAY』、私が寄稿した『実話BUNKA超タブー』、日本共産党の機関紙「しんぶん赤旗」のみ。マスコミが継続的に報道していれば、安倍さんがUPFにビデオメッセージを送るようなことも、山上容疑者が安倍さんに殺意を抱くこともなかったかもしれない。そうした観点で事件の原因を考えると、メディアの責任は決して軽くないと思うのです」

メディア側には宗教問題を忌避する事情もあった。

「私が記事を書く媒体には、たいてい教団からクレームが入りました。鈴木エイトは信用ならない、だから書かせるべきではない、何なら当法人が正しい記事を書くライターを紹介する、といった内容です。とりわけ一時期まで私が頻繁に記事を書いていたハーバー・ビジネス・オンラインは苦労を強いられました。教団や政治家が恫喝訴訟を起こしてきたからです。運営する扶桑社や担当編集者、編集長の皆さんは共に闘ってくれたのですが、教団は扶桑社の親会社に直接クレームを入れるようになり、結局、扶桑社系のメディアでは記事が書けなくなりました」

鈴木氏は、5年前に統一教会が発行したニュースリリースを今も所持する。「自称鈴木エイト氏のフェイクニュース拡散の意図とその手法について」と題された文書だ。その文書は、『週刊朝日』に鈴木氏が書いた記事について「彼の空想に基づくデマ」と断じ、記事に登場する全国霊感商法対策弁護士連絡会の名も挙げて「鈴木氏と弁護士のマッチポンプ、自作自演の連携によるフェイクニュースに、週刊朝日がまんまとだまされてしまった」と、こき下ろしている。

「メディアが教団に触れなくなった背景には、こうした教団側からの圧力があったのです。ただし、教団には報道を止める権限はありません。報道が減ったのは、メディアが自主規制してきたからです。統一教会は事件後のマスコミ報道を『魔女狩り』だともっともらしく批判し、それに同調する言論人も出てきました。ですが、ここでメディアが再び萎縮してしまえば時間は逆戻りし、同じ過ちを繰り返すことになる」

同様の事件を二度と起こさぬためにも、重く受け止めたい指摘だ。

（野中大樹）

鈴木エイト（すずき・えいと）

ジャーナリスト。宗教と政治、宗教2世問題を週刊誌、「やや日刊カルト新聞」などで執筆。近著に『自民党の統一教会汚染　追跡3000日』（小学館）。

【週刊東洋経済】

本書は、東洋経済新報社『週刊東洋経済』2022年10月8日号より抜粋、加筆修正のうえ制作しています。この記事が完全収録された底本をはじめ、雑誌バックナンバーは小社ホームページからもお求めいただけます。

小社では、『週刊東洋経済eビジネス新書』シリーズをはじめ、このほかにも多数の電子書籍ラインナップをそろえております。ぜひストアにて「東洋経済」で検索してみてください。

『週刊東洋経済eビジネス新書』シリーズ

No.410　ライフシフト超入門
No.411　企業価値の新常識
No.412　暗号資産&ＮＦＴ
No.413　ゼネコン激動期

No.414　病院サバイバル
No.415　生保　最新事情
No.416　M&Aマフィア
No.417　工場が消える
No.418　経済超入門　2022
No.419　東証　沈没
No.420　テクノロジーの未来地図
No.421　年金の新常識
No.422　先を知るための読書案内
No.423　欧州動乱史
No.424　物流ドライバーが消える日
No.425　エネルギー戦争
No.426　瀬戸際の地銀
No.427　不動産争奪戦

週刊東洋経済eビジネス新書　No.440
宗教　カネと政治

【本誌（底本）】
編集局　野中大樹、井艸恵美、長谷川　隆
デザイン　杉山未記、熊谷直美、中村方香
進行管理　三隅多香子
発行日　２０２２年１０月８日

【電子版】
編集制作　塚田由紀夫、長谷川　隆
デザイン　大村善久
制作協力　丸井工文社
発行日　２０２３年１２月７日　Ver.1

発行所　〒103-8345
東京都中央区日本橋本石町1-2-1
東洋経済新報社
電話　東洋経済カスタマーセンター
03（6386）1040
https://toyokeizai.net/
発行人　田北浩章

電子書籍化に際しては、仕様上の都合などにより適宜編集を加えています。登場人物に関する情報、価格、為替レートなどは、特に記載のない限り底本編集当時のものです。一部の漢字を簡易慣用字体やかなで表記している場合があります。本書は縦書きでレイアウトしています。ご覧になる機種により表示に差が生じることがあります。

※本刊行物は、電子書籍版に基づいてプリントオンデマンド版として作成されたものです。